"Diabolically addictive."
—*New York Post*

"A puzzling global phenomenon."
—*The Economist*

"The biggest craze to hit *The Times* since the first crossword puzzle was published in 1935."
—*The Times* of London

"England's most addictive newspaper puzzle."
—*New York* magazine

"The latest craze in games."
—BBC News

"Sudoku is dangerous stuff. Forget work and family—think papers hurled across the room and industrial-sized blobs of correction fluid. I love it!"
—*The Times* of London

"Sudoku are to the first decade of the twenty-first century what Rubik's Cube was to the 1970s."
—*The Daily Telegraph*

"Britain has a new addiction. Hunched over newspapers on crowded subway trains, sneaking secret peeks in the office, a puzzle-crazy nation is trying to slot numbers into small checkerboard grids."
—Associated Press

"Forget crosswords."
—*The Christian Science Monitor*

Will Shortz Presents
The Monster Book of
SUDOKU

Also Available

Sudoku Easy Presented by Will Shortz, Volume 1
Sudoku Easy to Hard Presented by Will Shortz, Volume 2
Sudoku Easy to Hard Presented by Will Shortz, Volume 3
The Ultimate Sudoku Challenge Presented by Will Shortz
Sudoku for Your Coffee Break Presented by Will Shortz
Sudoku to Boost Your Brainpower Presented by Will Shortz
Will Shortz Presents Sun, Sand, and Sudoku
Will Shortz's Favorite Sudoku Variations
Kakuro Presented by Will Shortz
Will Shortz Presents Easy Kakuro

For Sudoku Lovers: 300 Puzzles in Just One Book!

The Giant Book of Sudoku Presented by Will Shortz
Will Shortz Presents The Super-Colossal Book of Sudoku

Try These Convenient, Portable Volumes

Pocket Sudoku Presented by Will Shortz, Volume 1
Pocket Sudoku Presented by Will Shortz, Volume 2
Pocket Sudoku Presented by Will Shortz, Volume 3
Pocket Sudoku Presented by Will Shortz, Volume 4

Will Shortz Presents
The Monster Book of
SUDOKU

300 WORDLESS CROSSWORD PUZZLES

EDITED BY
WILL SHORTZ

PUZZLES BY
PZZL.COM

ST. MARTIN'S GRIFFIN
NEW YORK

www.stmartins.com

ISBN 0-312-36269-2
EAN 978-0-312-36269-0

10 9 8 7 6 5 4 3

Introduction

More than a century ago the great American puzzlemaker Sam Loyd listed four minimal criteria a puzzle must have in order to spark a craze: The invention must be "entirely new," its name must not bear the slightest resemblance to anything that has gone before, its object must be evident to the average person at a glance, and the thing must be so engaging that it "will make a person study over it until he is mad with himself."

By these criteria, sudoku has all the makings of a craze—which, in fact, it has become during the past year worldwide. The idea is so simple that it can be explained in a sentence. Nothing like it has ever been seen before. The very name "sudoku" (pronounced "soo-DOH-koo," and meaning, loosely, "single number" in Japanese) is exotic and appealing. And as nearly anyone who has tried sudoku will attest, the puzzle is utterly addictive. When you finish one, you immediately want to do more—better and faster. Moreover, you can spend weeks doing sudoku and not understand all the subtle solving strategies. Even for experts it remains mysterious and fascinating.

This book contains 300 sudoku puzzles carefully calibrated for difficulty and arranged in approximate order of difficulty, from very easy (#1) to brain-bustingly hard (#298). The last two (#299–#300) are giant 12 × 12 sudoku.

All the puzzles can be solved using certain, step-by-step logic. You never have to guess and hope the path you have chosen is correct.

The sudoku puzzles in this book were created by Peter Ritmeester and the staff of PZZL.com, an Internet-based company specializing in puzzles and games. Peter is the general secretary of the World Puzzle Federation and a onetime director of the annual World Puzzle Championship, which is devoted mainly to logical puzzles like sudoku.

Now, if you're ready, get out a sharpened pencil with an eraser (you'll need it), and have at it!

—Will Shortz

How to Solve Sudoku

A sudoku puzzle consists of a 9 × 9-square grid subdivided into nine 3 × 3 boxes. Some of the squares contain numbers. The object is to fill in the remaining squares so that every row, every column, and every 3 × 3 box contains each of the numbers from 1 to 9 exactly once.

Solving a sudoku puzzle involves pure logic. No guesswork is needed—or even desirable. Getting started involves mastering just a few simple techniques.

Take the example on this page (in which we've labeled the nine 3 × 3 boxes A to I as shown). Note that the boxes H and I already have 8's filled in, but box G does not. Can you determine where the 8 goes here?

5	8	6					1	2
			5	2	8	6		
2	4		8	1				3
			5		3		9	
			8	1	2	4		
4		5	6			7	3	8
	5		2	3			8	1
7				8				
3	6			5				

A	B	C
D	E	F
G	H	I

The 8 can't appear in the top row of squares in box G, because an 8 already appears in the top row of I—and no number can be repeated in a row. Similarly, it can't appear in the middle row of G, because an 8 already appears in the middle row of H. So, by process of elimination, an 8 must appear in the bottom row of G. Since only one square in this row is empty—next to the 3 and 6—you have your first answer. Fill in an 8 to the right of the 6.

Next, look in the three left-hand boxes of the grid, A, D, and G. An 8 appears in both A and G (the latter being the one you just entered). In box A, the 8 appears in the middle column, while in G the 8 appears on the right. By elimination, in box D, an 8 must go in the leftmost column. But which square? The column here has two squares open.

The answer is forced by box E. Here an 8 appears in the middle row. This means an 8 cannot appear in the middle row of D. Therefore, it must appear in the top row of the leftmost column of D. You have your second answer.

In solving a sudoku, build on the answers you've filled in as far as possible—left, right, up, and down—before moving on.

For a different kind of logic, consider the sixth row of numbers— 4, ?, 5, 6, ?, ?, 7, 3, 8. The missing numbers must be 1, 2, and 9, in some order. The sixth square can't be a 1, because box E already has a 1. And it can't be a 2, because a 2 already appears in the sixth column in box B. So the sixth square in the sixth row has to be a 9. Fill this in.

Now you're left with just 1 and 2 for the empty squares of this row. The fifth square can't be a 1, because box E already has a 1. So the fifth square must be a 2. The second square, by elimination, has a 1. Voilà! Your first complete row is filled in.

Box E now has only two empty squares, so this is a good spot to consider next. Only the 4 and 7 remain to be filled in. The leftmost square of the middle row can't be a 4, because a 4 already appears in this row in box F. So it must be 7. The remaining square must be 4. Your first complete box is done.

One more tip, and then you're on your own.

Consider 3's in the boxes A, B, and C. Only one 3 is filled in—in the third row, in box C. In box A you don't have enough information to fill in a 3 yet. However, you know the 3 can't appear in A's bottom row, because 3 appears in the bottom row of C. And it can't appear in the top row, because that row is already done. Therefore, it must appear in the middle row. Which square you don't know yet. But now, by elimination, you do know that in box B a 3 must appear in the top row. Specifically, it must appear in the fourth column, because 3's already appear in the fifth and sixth columns of E and H. Fill this in.

Following logic, using these and other techniques left for you to discover, you can work your way around the grid, filling in the rest of the missing numbers. The complete solution is shown below.

5	8	6	3	7	4	9	1	2
1	3	7	9	5	2	8	6	4
2	4	9	8	1	6	5	7	3
8	7	2	5	4	3	1	9	6
6	9	3	7	8	1	2	4	5
4	1	5	6	2	9	7	3	8
9	5	4	2	3	7	6	8	1
7	2	1	4	6	8	3	5	9
3	6	8	1	9	5	4	2	7

Remember, don't guess. Be careful not to repeat a number where you shouldn't, because a wrong answer may force you to start over. And don't give up. Soon you'll be a sudoku master!

Will Shortz Presents
The Monster Book of
SUDOKU

		9					2	3
5	6	8		7				
3		4	1			8		
			9			3		
8	7				1		5	
	9		4			6	1	
9			7		4			
	3		5	2	6			1
		2			3			

3	5	1	2	6				
4	9				8	1	6	
8		6	1			5	3	7
5		4				9	2	
7		9	6			8		
6			5	4				1
				2		6		
9	6					2		3
			8					5

				6				
	6	3					1	
5	1		8	3		9	2	
				8		6		7
				5			3	
1		2						
	2	5	3			7	9	
			5		9	2	4	8
						3		

	7		5	2		9	8	
3						6	2	
1			3					5
8			1			4		
	5	9	8					2
	3				4			
		3		4				6
	4					5		
	8					1	7	

				7			1	5
		2						
	5	8	9		6			3
1	3	4	5					7
	6	7		3	9			2
	2	5					6	4
			8	2	3			
							3	6
4	9	3				2		

	9		1	3				
		7	4				6	1
		5	8					3
4				6				7
7	1	2	9				8	6
		9				4	3	
	8					7	4	5
			5					
				9			2	

	7				9			
			4	5	3			
1								
						2		
9	5		2				6	
6			3	4				5
			6				5	3
	2		5	8	7			
	8							6

			8	6			5	7
		9			5	2	4	
		7			9		3	8
5	6	2		1		8		
		8	7		4	5	1	6
	4	1	5			3	2	
			1	5			6	
		5		9				2
2		6				1		

	4	5	8	9				6
	2					9		
						7	2	5
5		7	9		6			2
	3			8				
	1		7	2		5		9
4			5	3				
	9	6	1					
3		1	2	6		8		

	1							2
			3					
		9			7	6		
3							2	
1			8				5	
6			5		9	4	7	
8			1		6			
			7					8
7	6		4	2		3		

			5	3			6	
		6	9	8	2	4		
8	3				1			
4	7	9	8					2
		5	2	1	4		7	
	1		6			5		
7						8		
5						3	2	1
3	6	4		2	8			5

8	9							2
	7	4	1			8		
1			3		8	7		9
6				2				
				5			8	3
	8	2		3	9	6	7	
9	5							8
	1					9	3	
		3		8			2	

						3	2	6
		7						8
3							5	
			4	6		5		
7	9							
	8				5			
	1		6	9				7
		2				4		3
9			3	2			1	

14　Light and Easy

4	8		9	3	5			
1			2	6				
3						7		
		8		9	1	6	3	
							9	
			3		6	5	4	
9			6					
		6		4			7	
		3		1	8			

	1							
	5		6	1		7	9	
4			7					
	8		2					
2			3	7			5	
1					6		8	4
		4				3		
7				3	5			
	6		9		2			

16 Light and Easy

3	8			7				
	6		5				4	
		7			6			
7	1	2			3	6		
9								8
					4			1
5		9		6		4	3	7
				2	9	5		

2	7		4		8			6
4				6				3
	9	6	7		2	4		5
	6	4	5					
			9					4
7	1		6	4	3	8	5	2
					5	6		
5					6		3	9
	2	1			4			8

	9	4	8		5			
		5	2	1	7	3		
				6		5	8	7
	1					2	3	
3			6			1		5
2			1	9				
9		1		8	6	7		
5		2		7				3
6	3	7		2	4			

		7		6			3	
9						1	4	
	6	4			5			
1					8			5
			5	7		9	1	
5	3	9		4			6	
6				5	1		7	2
2				3	7	6		1
			6					

3	4					2		
1	2				8	7		
7			1				6	8
4		5		7		1		
						3		5
				6			2	7
		1			6			
9					5		1	2
5		4			9			

	6			8	7	9		
	3		4	9				
		9					4	5
				4		1		
				7			5	
	8		6				3	4
5								
4	7		2	1				
			9		3		8	

	5	3	6					7
					1	9		
			8	3	4	6		
9				2			7	
7						8		
8		6	9		7			
		2						4
				1		7	5	
3		4				1		

			1	2	7			3
		2	3			1	4	
		1	5					
		4	7		3		6	
	6	3		4			5	2
5				6	9		3	1
2	7		4	3		6		9
3		9			8	5		
		5		7			8	4

6					4		9	
		5	6		9	2		
						3		6
4			5		3			2
	1	3		7		8		
2		7		8	6		4	
7	2	8					5	
5	9					1		
								7

1	4			5	3	6		
				7				
	5	6				7		
8		9		6	1		2	
7			9					
					8		1	
				9				
	6	3		1		4	5	
	7	1		3			6	

			9		7	5	4	8
9		5		6			2	1
	7			5	2	9	6	
2	5		3	8	9	4		
					6			
7	9						8	
				4		8	1	
8			5	7	1	6		4
1				9	8		5	7

			6	3	7		1	5
1		4	8				7	3
		3	1		4	9	2	
5	1		4		3			
		2			6		4	
4		7		2			5	
9					5			
6					8	7		
3				6		5	8	4

Light and Easy

		4	6					3
2		8			9	1		4
		7			3	9		
9						6		
	6	2		4		3	5	
	4		7					8
7	2	5						
				9				
				8	5		2	

5			9			2		
7					6		9	8
	9		7		3		5	6
				9	7	4	6	
			3					
				4		7		
				3				
				1	5	6	4	
4		2					8	

1					9		3	5
				6		2		
			7					
	9			8				
				1	6	3	7	
	4				7	5		
7		4	6	9		1		
	8	6	3				5	7
9						4		

6		9					1	
	3				5		4	
	2	7	9			8		
			1				2	
				3	4			
			7	6	2	1		
1	6	5				2		3
	7			1				
		8				5	7	

32   Light and Easy

								6
			2	9	6	1	4	
4	6				3	5	2	
		8						5
1	3		4	5		8		
		2		6	8		9	7
	8		6	7	5		3	
		6				9		4
2	5		9		4	6		8

			5					7
					1	6		
3	2			4	8			1
2	9						1	5
	7	1			3			4
	8		2		9	3		
			4	6				
1	3				7			

					8		6	9
3						4		
					4		1	2
		2			1			
4	1	8		5	2			
	6	3		4				1
6				2	9		5	
	8	4		7				
	5					1	9	

		7	3	8				
	6				2	5		
2	4		7		5	8		3
9	8						5	
4	5	1	2			9	8	
	7			5	8	4		
8	3	5	1	6			2	
1	2		5	7		6	3	
		6						

		2	5	4	7	3	6	
4	6	5			3			7
7	3				6	8		5
		6	8	1	5	4	7	9
			3	6	4	5		
		4						
	5	7			8			
	4		6		1		9	
	9	8	7				5	

			9				7	3
				2	3			1
	1					9		
3					8	2	6	
								7
2				4	6			
1	4		2				8	
		2	8	1	9	7	5	
9				5		1	3	2

			5	3	7	4		
1			4	2	6	8		
5			1				8	
		1						4
	2	9	7					6
	1			6			7	9
	4	6				2	1	
	3	2	9	1				8

		4						9
	5	1				4	6	
7	9							1
				7				3
	3	8	5			9		
1					4	5		
6	2	7	9			1		
8	4	3		6				
9					7		2	8

3	7							
2							9	
			9		8	2		3
		7	6					
	5	2		1			3	
	9	1			7			4
				8	9	7		
			4		2		8	
		8		6		5	1	

5	6	9	2	3		8		4
2	3					1		
		8		7	6		2	
	8		5	9		2		7
				6	3	4		5
6	4				7		3	
1	5	6			2			
	2		6			7		
9				1			8	2

		2		5				3
4	1	5	3					
	6			4	8			
7				8				
5			9		4			
	4		6	1		5	3	7
		9				7	4	2
					1	9		5

							9	5
6		9		5				
8	2				3			
				7				
9	3	8	1				6	
				3	4		1	
3		6		9				4
	1			4	8		7	
								1

7	1		9			8		
9					5			1
8	6							2
			2			1		9
2	9	1	4	6				8
		4			3			
		6	5	3				4
				2				
	5							

				6				
	2				3	1	8	
3	4		9					
			6				4	
6	7							2
					8	9	3	
	5		4				7	
			2	5		6		8
			8	9	1			

					2			
6	1	8						2
	9			7		3		
			9		3			4
2	5				7			
7	3			6				
			1		9		5	3
5			4				9	

	1	5					9	
		3	5			1		4
					6		3	
			6		7		4	
			9					8
		2			1			5
	5	1	3			4	2	
	9	4					5	7

7	1	8			4	9		
	4	5	9				8	
3					2			7
			1	7				
6			5		9			
	7	1		2	8	5		6
8	5	3			1		6	4
	2	7	6	8			1	
	6		2		3			8

1		8						7
7			4			5		8
6	5			1	7	3		
	2	1					7	
			3					
				6	4			
	1	3		4		9		6
				9	3		5	
	4		6	2	5	7	3	

				6		5		1
		3						
	4							
			6	1			9	
			5		4	6		
		2			8	3		
7	1			3				8
	2					4	5	
				4	2			3

				1		9		5
		1	7				6	
		2		9		4		
			9			2		
4		5	6					3
		6		3		1	4	
1	3	8		4				
2							1	4
				2	7	3		

1			9			3		2
					3			7
	2		1		6			5
							9	6
	1			4	8			
		4	3	2				8
		6						
		7		5			4	

7				9	8	6		
4		2	1		7			8
9	3				2			
		6	2	4			7	9
2			7				4	5
1	7	4	9	8			2	
6		7	8		9	4	5	
				7	6			
		5		1				7

	8		4		5	9		6
				2		7		
2	7				8			4
	6	1	7					
		2		4				7
	4		6	5	3		8	
	9					8		
7		8	5		4			
		4				5		2

			7		6			
	1	7		9				
	6		3	5				7
1	9		2	3				6
7			6			2		
	8	2		1	7	9		
	3		1			5		
		1	9				2	3
		5			3		8	

			8		4			
		6				4		8
	5			2	9			
		7						9
		8	7	6				
	4				1	3		
			2					
	8		4		3			2
2		5	9	7				

							4	6
					6	7		
			4	2			3	
		5	8		2	3		
9	3	8	1	5				
							9	
		9			1	4		7
1		6	7	8				
		7			5	2		

3		1	6			7		
4	2					1		
	6			5	2		9	
	8	3	5	1			4	
						3	6	
5			4	9				
				2				
7	4				5			9
					7			

6	9	2			7	1		
	8	3	4					9
	5		9	8				3
	6		3					
	3		7		4	5	6	1
			6	9	1	8	3	2
9	1	6						4
5		8			3	9		
	4		8	6				5

		1		8		4	2	5
			5	1			6	
			9		6	7	8	1
	6	9	3	7	2			
3		7				1		
	2				8	6	7	
9	1					2	3	6
8	3	6			1			
7					9			8

7	8	1	6		2	9		5
9		2	7	1				
		6	8				1	2
2			3			8	5	1
	7	3	5					4
		8			9	3	6	
1	9				7		8	
8	6	7			3	4		9
		5				1		

		5	6					7
		8		7			6	9
			1		2	8		
	2	7				6		5
	5		2	9			4	3
	8						2	
		2			7		3	
	7		4					
6	9	1	8					

		4		6				
		3		7	4			2
7	2			5	1	9		
5	1	7				2		6
9	4							3
				9		8		
	7				9			
2	3	1	5			4	6	9
6		9	4	1	2	5		

Light and Easy

		3	8			2	6	
			5	9	2	1	3	
1					6	8		
3	7					4	2	
		8	4	6		9		1
9				2				
	2	5		3		6		8
8				4		7		2
4		6	2			3		9

	3			2		4		6
1		2	8		6	3	9	7
7			4		9	2		
	6			9			7	
			1				2	
4			2		3	9	5	
	5			1	2		3	
		3	9		7			1
		7	3	4	5	8		

66   Light and Easy

				6	3		5	
6		5		1		8	3	9
		1				2		
8	2	3				7		
	5				7			
	6	4		9				1
4		2	5	7	9	6		3
	9		1		6	5		8
	1				8	9		7

3		1		7	9		2	5
			6			4	1	7
				1	5	3		
	9			4	7			2
		4	3		8		7	
	8		9	6		5	3	
7		5		9	6		4	8
2	1		5			7		6
	4		7		1	2	5	

68 Light and Easy

		1	4			7		
9		8			6	1	4	
	7	2	1	3		8		
5		4	7		9		3	
				5		9		7
		7	3	8			1	
7		5	9				6	
	4			6				
8				4	3		7	9

				9				
6				2	4		5	
							1	
4			8	5				1
	1	7						
					2	9	6	4
		4						5
	3	8	9	6		1		
				1	5		9	8

	8	5			2		6	3
				4	7	8		9
	6		5					7
					9	7		
		3						2
			3	2		1		
1		2		5				
		9		8	4			
			9					6

5		3	8	1	9		2	
8	1		4			3	9	5
	4	2				7	8	1
6		8	3		1		7	
								8
1		9	5	7			4	6
2				8		9	5	3
		5		9	6			
4			7		5	8	6	2

Light and Easy

4	7	9				8		3
	5					4		
1			3		9		6	
	4		2		7		5	
9		7			5		8	
		3				6		1
			7		6	5		
			1					
7	9			2				

3	4				1		2	
				7	4			8
5					6	1		9
	3		1					6
	8	6		2				
	9			4		2		
	1							5
			9		5	8	7	
		9			7		3	

5		4		9		1		
	2							
8					7			2
			8					
2	3	6			9	5		
4			3					
	9		2		3			5
							3	6
						4	7	

7	8		6					9
		5		7				
					9	6		2
			4		6	8		7
8			5					
6	4	1				5		
	5	4		6				
			9		4		3	
1				2			4	

8					1		2	
7		6		2				8
			6					
9		4			7	8	5	
			2	3	5	4	9	7
				9		1		
5	1	7					8	6
	9	2	8			5	4	1
4	8		5	1			7	

		6	5	8			2	
1	8			7				
5		9					1	6
7			6	4	3	5		
		5		1				
	4	1	7	2				
6	5	3						8
	1		4					
					8			7

	4			1	8	5		
	1				7	3		
7	3			5			4	
	8	6						
						4	9	
		9	7					2
		4					5	9
			1	4	6			
2		1					3	

8						7		5
1	2	3			4		6	9
	7	5	8			1	4	3
		6	2		3	5		
	3		4			2	1	6
		9		5		4		
	5			6	2	9		
	9		3					1
6	8	1	7	4			5	

			4	8				2
	5					8	6	
			5			4		
						9		
7	1				3		4	
8			2		9	5		7
		6	8	2				
	7	8		3	5			1
					7			4

				3		4		8
		5	8					7
	6	2			1	3		5
4		3		5				6
	9	7	4	6	2	1	8	
1		6			3			
			2					
			6	9	4	7		
		9	3	8	7	5	4	

7				6		2	8	9
			5			1		
9					7			
3			4				9	1
4						3		
	8		2			6		
	6	4			5			
	9		3		2			
8	3		9			4		

2			9					5
4	8			1				
9				2		7		
		2		3	9	8		
				7	4		9	2
7	9	1	6	8	2	3	5	
8	6		4					1
3	5						7	8
1		4			7	9	6	

7	1			4	6	3	2	5
			5				6	8
3		5		1				
6			4		3		1	7
1	3	2	7					
4				2	9			3
	7	3				4		
	4				2		7	
5		1	6				3	2

6				1	9			
4	5			8				1
	8	1		7		6	3	
				3		7	5	
	6		2	4				3
		2			5	4	1	
2	1				8	3	7	
	7	8			4			9
	4	9		2	3	1		8

	9				5	2	1	7
6		1						5
			3					
					3	1	7	
			7			5		6
5	7		1		4	9		
		5						
				8				
	3	8		2	1		5	

1	7	2			6		9	4
5		6	8		4			7
	8				9			1
			3		2	9	5	8
	6		4					
8				9				
	3		9		5	2		
				7				
		5		8			7	

3	9	5	4				7	
			7		3	9		
8	7	6		5			2	3
	4			6	2	1		5
5	8				4		6	
6				7				
		1		4	9			
		9	6	3		2	1	
				1	5		9	4

8				3		2		6
2	3	6		4			7	
7			2		9			
1		3	9		6	4		
			3	2			5	
4	2		1		7			3
5		9	6				8	
			4		8	3		5
		7				6	1	4

		2				6	8	
5			2			4		
7	1		6	4				2
		5		1				9
			4					
	3			9	8		7	
8			7			9	3	
			9	5	2			
1								

								3
2	8			4				7
			9			8	1	5
		3						
9				8			5	4
1	4		5		9			6
3				1	2	7	8	
		9	4	7			3	
	2		8					

	5			3			2	
7			1					6
		1				8		3
	6			2		5		
		7	6					9
				8	5		1	
9	2	8			4	3		5
		6				4		
	7		8					

		4		9		1	6	
		1	3	7		9		8
					2		4	3
	8				1			
4				2				
3	2						7	
	5		2	4		3		
		3	7	5	8	2		
8		2	1		3			9

6	7	2	4			1	3	
3				6	5		8	2
5				2	3	7		4
	2							3
9			8	3		2		
		6					9	1
			2			4	1	
2	4	5				3		
1		8	3		7			9

	1	6	9	8	3			
8		2		5		1		4
	7	9		4				
	9			6		5		3
3					9		7	2
1		8			7	4	6	
2					4			
			1	7				6
	4	1			5		8	7

			8	6			4	
	9	4						
	6			2		7		
3	7	1	9			8		
5		9			1			7
								3
							6	
				5				
8		6	3	1				4

		5	7		1		8	
3	7				8			5
9		2		3		7	6	
6				2		3	4	
5	4						1	
	3			7		6	5	
1								
		4			3	5		
	2	6					3	4

	7	4						
9	2			8	6			
6			9					7
	1	3			7	8		
		5						4
					4			
3				2			6	
		7	5	3		2	4	
						5		1

7				6				
5	8		2			1	6	
6	4			1			9	
1	3	8						4
			7		1	9	3	2
2			6	4		5		
	6	5	4	2				
3			5	7			4	6
8		4		3	6			

		5	9				7	
7	4	3					5	6
6	9		5			8		4
			3					2
	3			8	2	5		7
	2	4		6			8	
			1	3				8
9	6			5				1
	1			2				

8		4		5			2	1
				9	8		3	7
	7					8		
	9	2			3	5		4
			5			1		
	5	7	2	1	9	6	8	
6	3					2		
5	2	1	9			7		8
			1		2		5	

102 Light and Easy

	1							6
					6			
	8			9	5	4		
4	6	7				2		
	9		5		3	1		
						7		
				8		3	7	5
1		8	4					9
3	7	9		5		8		

	3						4	5
				4				
			8	6		2		
						3		
9	2		7		6			8
3		4			9		2	6
2	4		6			5	3	
7		9			4	8		
			9	2			1	

Light and Easy

9			2			4		
		7			3	8	6	
1			5	8	7			
	3		1	2			9	
		5	7			2		8
	7		4					6
		8						9
				9				
4							7	

3			9	7				
			3	4		1		
4		9			2		7	
		5			6	9		
7		4	5			6		3
					7	4		1
5		1		6	9	8		4
9		8			3			
	3	2	7				1	

106 Moderate

					6		8	
	4		9	1			5	
2								9
8		3					7	
				4				
7						8	2	
	3	7		8	5			
	5		1		7	6		
			6	9				

							8	
	1							3
		9			6	2		
3				5			7	
						9	2	
	5	7		8	4			
			2	7		1		9
	8			9				
								6

	1			6			9	
8			4	1				
	3	7					8	
		9	1	2				
	2				3		4	
4		6			5			
						1		2
							7	
				4				5

					9	8		1
3				4			9	
		5			8			
6					3	1		
				2		9		6
		7	1				4	
		4				7	5	
					6			2
8	2							3

110 Moderate

		3			1	4		9
	8		6	3		7		
		1		6	3			8
	7	8			9			3
	4	2					1	
		9			6			
		4		5		3	9	7

1					8	3		6
		9	2	7				8
			4	1	3			
9		7						1
		3	6			8	7	
						6	2	5
3		8						7
			3		9		8	
5		4	7			9		

8	7							5
				9	5			
1		3	4		7	6		
			3					
			5	6			3	
4		7						
		5		1	9		4	
			2			3		
		1		4			8	

			7			6	4	
9					1			
	3					7		8
3			6			5	2	
6	4			7	2	3		
8						1		
	2		8					
			3					
				4			6	

114 Moderate

							4	5
	2	4			9		3	
1			3					9
		2						8
4			5					
3		7			6	9	5	
5	6		7			1	8	
	1	3						
7						3		

5				4	2			9
9				3			2	
			7					
1			2			9		
	7				8		3	
		3	9					8
6		5				2	8	
		8				6	1	
			5					

4			6				7	
8	3		4			2		
						3		
								5
		1		2			9	
		5				7		1
2	1	3			6		8	
			1			4		
	6		5		7	1		

5					2	3	8	
	6	4		5				
	7	2		3		1		
	5	8				4		
			4					
		3	1			9		
	8			1	6			
		5	2		7			6
7	4		3					2

118 Moderate

8	4		7	9			1	
2	6		1					
						7	6	
				7	2	6		
			8					
		8			4	3	5	7
	7	2			1	9		
1	5		9			2	8	
				2	3			

		1	6	8				9
7			5	4				
	3		9					
	7	5				9	2	
		4	7					8
	6	3			2			7
	8	7			4			
		9				8		
4							7	5

	8							
	4	7	8		9			1
		1	4	5			2	
8	1	6	7			5		
9					1			
			5	6				
					8		5	3
							8	
			3	1			4	6

		7			2			
6				7			4	
			5		8		9	
		5				4		8
1		2						
				1	4		2	
7		3				9		
		8						6
	5	6	4			3		

122 Moderate

	1				2			4
3								
6			4			8	9	
						5		1
							7	
8	3			4		6		
			7					3
	6	8			5			
			6	1				

							5	2
				2			1	
	8				4			
								6
9					8	5		3
		6	5	3				1
	4	2						
	7	5		8	6			
3	6		1			7		5

124 Moderate

8	2	9		7			3	
								1
					5			
	6	5		2	7			8
		1						3
			9		2			
7				4	9			
		6				5		
	6		2					

9		3				8		
	1							
				5		4	3	9
	8							
					1			
4			8		6	7	1	
		5			7		4	
	2	7			8	3		
		9			5			

						1		
4			3	7				8
9								2
			6				3	
	8							
	9	7		1				4
2	7			6			5	
		6	1	5				
	5					3	2	

	1				9			
							8	7
		4	3				6	
		6			7			
		5		4	3	9		
		1				5		
					8		1	
				9		6	4	
8		2			6			

128 Moderate

		2			6			
		8	2					9
4		6		9				
2					5		6	
		7	6	8				5
	3	5				8	2	
	5			4	1		9	
	6		8					
							3	

					8	9		
		8		5			7	
			6	1				
	1				5	3		
2				9			1	
5	9		8	6				
	3					1		
	2	4					9	
			9	7		8		2

130 Moderate

	5							
6	4		2				3	
				6				
				4			7	
7	3	1	9				4	
				8	6	5		
								9
4				7				
		8	3		9	1		

	5							
	8				9	4		
	9					5		
9			1					5
	1	2		8			4	6
			2			7		
		1	7			2		
8				1				
	3		9		2	6		8

	3						5	
			2		5	1		
		4			7	6		
			1	4			2	
		6					8	
			7					
	5				3			6
8						9	4	
6		7			8			

6	3			1				
	7	8						
					4	1	7	
	6				7			9
					3			2
			9	5				1
				4	9		3	
				2				6
	8							

134 Moderate

4		2			3		8	
3	9			6		1		
1	8		4	7		9		6
		8			4	5		
		3		8				
7			5	2			9	
			6				1	8
			7			3	4	
						6		

							9	
	5			9				4
4		2						
	1			6				
				3	4		7	
9		8	7				2	6
	3	1				5		7
7				5	6		8	
		9		4			6	

136 Moderate

		8		1		6		
			7			9		
			9		2		8	
	2		4	5				
3						7		
			1		8		2	
	9							
			2		3			6
1	6						7	

3			5					
4						8	1	
	9			4				
				9	3	4		
		2				1		
	3			6			5	
			8	5			4	3
		6	7					
	7					5		

138 Moderate

	3		4				6	
4							7	3
9		2		1				
8	7		9	2				1
		3		7		8		
				4			9	
					9			
	2	8						
				8	6		5	

	6	5	9					
					8			
7	1			3	4		8	
			5	3	1			
							3	
4						6		5
	8			6	1	9		
	2	3	7	4		8		1
		1			5	7		6

		7		5	3			
						6		
		8			2	9		4
4				6				2
			4			5		
	2						3	
6			1	9	5	8		
5	7							
						1		

			4					8
9			5					
	3	7		9				6
	7			5		6		
			2			5		
4	2			7			1	3
			3					
	6						2	
1			8	2		3		

8								
				7	9			
			8			9		7
	4		6			5		8
2		7		9				
3			7					6
	4						1	
	5		2		1			
				3	5			

7				3	5			9
						4		
3			9			8		
4	2				9		3	6
	6					1		
		8			7			
2		3	5	1		7		4
					2			
	5		7				6	

144 Moderate

		5				4		
7			6			9		
4		3		2		1		
		1	2	4				
					6			
					7		9	8
9							5	
8			7				6	
	5				1			

							4	
4	2	1		7		9		
		7	2	5	3	8		
			8					4
		9			6			
	6		9	4				1
	8		5				6	
		3						2

			6		5			8
6			1	3		9	2	
		7						
	3		5					4
			9					5
	4	2				6	3	
	7	3	4				9	6
9								
			7					

			8		2		1	
5		2				6		
1	8		5		3			7
							6	1
	1			3	8			
	3	6	9					
4				8		5		
				2	1	7	4	9
3								6

	6			4				
								6
		8						
	1			5			4	3
				8	3	7		5
						6		
	9						5	
	2		9		1	3		
4					6		1	

								6
3	5		4		9			
	2	1			3		5	
4				9				
2				5		1		
		3	1		2		7	
		4			8		3	
1	3	9					6	4
	6							

		3						
	2		8		1			
	1							4
				8	6			
		9			2		1	
	5				9	8	4	6
				4		7	8	
		2	5			9		
		1	6		8			

			5	4				1
1		2					7	
			2				4	
5	7					9	2	3
9	6		1		5	4		7
4							6	
	5		6	3	9			
8			4					
				5			3	

		4	1		6	7	2	5
					7		9	
	7	2	5		4			
					2			7
3	1							
2			4				8	
		8	3				7	6
	9	3	2			4		
					8	1		

8	6	5						3
			4					6
					3	9		
5		2			9			
4		3			5	2		
				8				
6	7		1					
							1	
			2		4	7		9

154 Moderate

	2	7			5	8		4
		1	8		7		2	5
	1		3	9		4		
3	4		6				8	
			7	8				9
8			1	7				
								8
	5			3		9		

		4		7		3		
								6
6							1	9
1		9	2					
				6			8	3
				3				
4	7						6	5
8			1					
				2		7	9	

9		8			7			
1						6		
	7			6	9			5
				3				
3			2				9	
	8				5		4	1
						4	2	3
				7	4		1	
				3		5		

	1							
5								
	9		2		1			
2			8		3		1	
		5						8
6			7					3
		2		5				9
			9			4	7	
3					2	1	5	

					7	6		
3	2		4		1		5	
			3			4		
	9	7				8	2	
4	6	8	5					
5					8			6
6		4			3			
		3			2		1	
		9	7		5			

2		9						7
	1	6						
8				7				
				1	5	4		
	9	8			4	6		
				6		3	1	2
		1		4		2		
	3			2	6			
			3			1	9	

160 Moderate

	6			8		3		
5	8	4						
						9	5	
				5		2	3	
			2	3				4
	7							
8		2	1					
	1			2		5		
			5			4		

4	5					3		
			3	1	4	7		
				9	5	6		
				3				
9	8				1			
3		5			6	4		1
6			5					
		4	2	8				
8		2	1				9	

162 Moderate

		7						1
		9				6	5	
	2			7	9			3
	6					3		
9		4	5				6	
								8
		2	3			7	4	
8								
			6	9				

		5		8		4	6	7
	6	8		7				1
9		4		5				
	5		3			7		9
							4	2
	1					5	8	3
		1	6	2	4		9	
				1				
			8		9			6

164 Moderate

	1				9	7		
	2	5			6			
				2			8	
4						8		6
9							2	
8			3		7			
	9						4	
		7	9	1				
	6				5			

4								
3			1		7			6
	5	6				9		
				2	8			
		1	4				5	
		3		5		6	1	
5		2		6	9	8		
	4			8	1	2	7	

166 Moderate

				8				
	7		6					
		3					2	
					3			8
		8			2	1		9
				5				
5								2
	8	1	7	6	4		5	
4					8			

9							6	
			7	2				8
	5		6					
		4						
3		8		6				
		9	3			6	5	
			4	7				6
	3	7					8	
	2			1			3	

	4	6						1
1		5			9		3	
							6	
7	8					3		
				3	4		8	
		2		1				9
8	9		6					2
6					1			
	5							

			8		1			
		5						9
	1	2	9		4			5
6					2	5	3	
8	3			6	5	7	9	
			3					
			1			2		7
		4	2		9			
1					7		6	

170 Moderate

3				7			5	
9						2		
	5			9	1			3
1	7		5		2			
		3			4			9
8			7		9	6	1	
4			3		5			
				8	7	1		
	3							

	3	1						
		4		2				
6	2		1	5				
					1		6	5
		2			7			3
				4		8	9	
	6		8			9	3	
		3						
	9	8		6			5	4

Demanding

4			6					
					1		6	
	8		2			4	5	
	5							
		6	1				2	
9							8	
		7			6	3		
	9		5		3			
		1	9			2		

3					5	1	2	4
8	9			1				
			2					
7				8		9	5	
	4			6	3	8		
				5			1	
5				7			8	
						5		
		3						7

		4			6	8	5	
7	2						6	
	3							
			5			9		6
		9			3	7	8	
8		6						
				8				
	7	3		9		4		
9			7			6		

		2		4		1		
			7					
				6	8	7		4
5					7			6
							3	
	9			8		5		
2			6		3		1	
	4			1		9		
6					9			

1		7				9		5
				8				
	6		2				8	
	5			2				9
7		4			9			
3		9				6	4	
			7		3			4
		8	5				1	
								6

	5	4	9				7	
8		2	5		4			
9	8					3		
3						1		
			7	6				8
							8	
		9	3	7				5
7					2			6

178 Demanding

1		2	5					
7								
				2		5	3	
			9	8				
	2						6	
	9						2	7
9	6		3	5			1	
		5		4				8
	1		6					

1	7		2				9	3
						5	2	
	3		5	4				
		6					1	
	9		7		1	2		
9		3		5				7
	1					3		4
	4						5	

2				9				
				6				1
					5	7		6
9	1					2		4
				6				
								9
		8			7	9		
5		9				1		8
3			5				6	7

		7				4	5	
8					4			
			2		7			
	6	9	4					8
2		8					1	9
					3			
	2	4						6
	9	3				8		
				6				

Demanding

	3					2		
			4	7				
5			6			8		
				9				
9		6						3
3		8			1		2	
	1				2			4
					5		7	
	7						9	

	8							9
		5		6				2
	1	4	9	3				5
2			3			1		
					6			3
9			4	8				
				4	7	5		8
5						6		
			6	5			2	7

184 Demanding

		5			8		7	6
3								
		8		1				9
			7		5	6	4
				1				
	2	9	8				1	
7				2		6		3
				4		7	9	1
			6					5

		5			9			2
	1	7		8			6	
			7					
		8			3			
2					1	3		
				6				
4				2		1		3
	8			4				
				1			5	9

186 Demanding

						1		4
			8				7	
	2			3	6			
	4				3			
		3			4			7
				9		8		
	5	7			1			
9						5		
8							6	

		2			1	4		
7			3	8			2	6
		6						5
		9						8
1					3	9		
8					2			
			2					
5								4
		7			9	6		

188 Demanding

		6			4			
	8		3					1
		5		1		3		
			4		7	5		6
5	9				3			
		2						
		7					5	2
	4		5				6	
			1					4

			9	3				4
					2		5	6
							3	
	7		2			9		
		4		6				
	9			4	1		8	
		7			3	1		
			5					
2	8	1						

190 Demanding

		9	1					
	2				5	8		
8						7		6
					1			
	4	1		9	8	2		
	7			5		4		
	1		3					
					6			
3		8		1			2	

4	8	5		1				6
				2				
		2			4			1
					3			7
1	3	6			2			4
	7				8		5	
							1	
	4		7		6		9	5
5						6		8

192 Demanding

7								1
				9	6		4	5
8		6	4					
4				7		5		3
2		8		5		4		
	3		1	4				
		5		8			7	2
	8							
	4			6		3		

8			7	4	1	3		
		2						
			3	9				
					9		5	
						4		9
				5		7		6
	3				8	1	4	
5		8						
2			1	7			8	

194   Demanding

			3	1		9	7	
1		2		6	7			
		9					1	
		3		9				1
7		5						2
9					6			
	1		7		5			9
2		7					8	
						4	3	

	7	1		3	8			
	4			9		6		
		8	6					3
2				7	6		8	
1						5		
						1		
			7		5	3		
		4						
						2	4	9

196 Demanding

					2	1		7
	1			6				4
	5				7			6
	6	7		4				
				3			9	2
5								
2	3				8		5	
4								
				5				

2					1	8	9	
			7			5		3
8		9						7
5	7				9			6
		6				4		
						3	7	
6	1							2
7			4				6	
		8		7		9		5

198 Demanding

		3			2			
4	7				9	5		
		5	8					
		6			1		2	
		7		5		3	4	
2			4		3			
							1	
				8				2
			1		7		9	

	4							
2	7			8			3	
3					9	4	1	
6	5							3
9							6	1
				4			2	
			4					
		7			6			
		1		7		5		2

	6					3		
	9		1		7	2		
		1	5			6		
		6		3				9
				4	2			
8					9			6
								8
2	1	4		5				
						4		

2		9	3					
		5			4		1	3
				7		9		
							7	
7	2	1		9				
8			1	5				2
								4
		3				2	9	
	5			8				

3	5				4			
		6	8		7			
4				2		5		
			5	8		6	7	
1						9		
	4	7						
	3			1			9	8
						3		
			6		9	7		

	9				8		4	1
6			4			9		
3					5			
		2			3			7
		3		5			6	4
9	6				2			
				2	4	7	5	8
	8							
5						1		

204 Demanding

					9			
		8				2	3	
2	4		1			7		
4		3			6			
	7		5				6	3
		1	9					
	1			8		9	7	
9						5	2	
			4					

	7	6					3	
8	2							6
					1			
			1	8				9
		9		6	3	8	1	
	3						7	
			8	4			9	
				2	6			8

206 Demanding

		9						
7		5	4					
		1	3			6	5	
							1	9
	6			5		3		
						4		8
8					4			
5				3	1		9	
					8		3	

					1			3
	1	4	9			8		
9			2					
8	6					5		7
4	9			2				
			3			9		
	2					3		
			6			1		
			7		8			2

208 Demanding

5		3	2		6	4		9
				8				
6			9	7	5	1		
								8
3	9	2			7			
1	6		3					
					9		2	
		1				9		
9	3						7	

	7		9			6		
			1		2	7		
5	4						1	
4		7	2				9	8
								7
				3	4			
7						1		
6						2		
	3	2	8		5			

							8	
8			1		4		5	
		5						
1	8			4				
		9			3		1	8
	6		5				7	
	4	7		6		2		
					9	7		
	2							9

	2	1	7			8	4	
				5				
4						5		
	8		6	1			3	
2		4	9			7		
3								
							2	3
6								7
		7		9		1		

Demanding

		8		3				
7			8					9
			9		1			
2	6	1		4				
	7		2					
	4					3		
							3	6
	9				6	5	2	8
				4				

				4				
7		9			8			
5							2	
	3		9	7				
2					5			4
								9
	1			6		8		
	4						3	
9				5	4	6		

214 Demanding

7		8	1	4				
	6	5				4	2	
3	4		9					
6							7	5
				9			4	
		3					6	
1	9		8		6			7
			4					
5				3				

		5			7	2		
		3				5	7	
			4		9			1
					2	1		
	4			7		6	3	
3						4		6
	6				8	9		2
2							1	

216 Demanding

6				9		8		
	9						1	
3			6	5				
		4					5	
							6	9
	8	2	4					
4		6		1				
		3			7			
1				2				5

	6							4
				7		6		3
7	1				5			
2								
	7		2			3	5	9
5					1	7		8
	2		4					
		8			6			7
9	3			8				

Demanding

				2			9	6
							5	7
	4		3	5				
6		1						5
	8	3						
						8	2	1
	3							
4		6	5				8	
	7		4	8		9		

				6		2		5
			9	4		1		8
	7				3		9	
7	6					3		
4				1		6		
1			4					9
8	3							
6	4			8		5		
		5		7				

8	5				2	4		
7	2							9
		4						
			1		7			2
3		5				9		
	4							
				8			7	
	1	7						
				3	6		4	

	5	6			2		4	3
	9			7	3	8		
8		5						
			3		4			5
				2		9		7
				3	1	6		8
					7		5	
	2						1	

4	7					5		
	6				7			
		9						8
				1		2	6	
		8	9		4			
7	5							
		2		3			1	
				6			8	3
			7					

4	3	6	7			5		
		5					7	
			6	8				
		7			2			9
						1		
5			4		1		2	3
					3		8	
	2		9		7	6	3	
				5		2		

	4		3			2		
	7			5				6
8				1	2			5
1	9	5				4		
			4					7
	2			9				
2		6						
3								1
	1	4	2		6		3	

		2		6				
6		8			7			
	1	7		3				5
		5		4			8	
					2			9
				5			3	6
			9					2
	8	6	3	1	4			
4								

		3	7	1				
						1		4
		7	9			8		
	5							
	6			4	9	5	3	
		2				9		
		9						8
		4		5	6			
2							5	

9		8			3			
					4			
	6		5			1		
	5	1		9				8
		3				7		
		2						4
			9					7
				7		8		
4			1	6				3

228 Demanding

				1	6			9
	8							
3					5	2		
		3					7	
		2					4	6
			7					1
7		9			1			
	2			5				8
6					4			2

3		8	7			2		6
			2	1				
7				4				
						7		
2		9	1	3				
	5				2			
	8		6				7	
	4					1		2
					8	9		

230 Demanding

								3
					9	5		
5	8			1				2
		5						
	7		9	3			8	
	1				8		5	4
6							2	
		4	7	5			6	9
				2	1			

						2		
1		6					5	
	5					3		
				2				3
8				1	5			
				3	9		4	
			8				7	6
	8				2			
6					4		1	

232   Demanding

				1				
				5	2		3	4
				4		5	2	7
2			9			6	8	
6	9	4						
	1	3		8			9	
				9	3			
		8					1	5

			7			2		6
		8						
		7	9	5				1
5	7			1			9	
					2			
						3	4	
	3		8					
				6			1	
4						6		9

234 Demanding

	5			2		6		
7			6				5	9
	6		3					
	4	8		6		2	7	
		3	2	5		4		
2			8					
3		6				9		5
1								
						3	1	4

				8	6		9	
7						3		2
							1	
	8	1	2					
			5			6		7
	3							4
				9				
	6				2			1
			7	4				

					5		6	
		3		8	7	2		
5	1		6	9			3	
			8	7		4		
			4		3	1		
7					6			
	8	7		6				9
					1			2
6								5

		4			2		7	
				1	3	2	8	
8			9		6		4	
7		1					2	9
1	8					5	3	7
			5	6				4
		7						

				5	9			
	7		6					
	2					6		3
7	9		8		1			
8				6				
	4					2		
		5	3					2
	6					3		
9		4			5	7	1	

			5					
	7	9					6	
				6	7	8		
1				8		7		
	6	5	3	4				
	4							
9							3	
2				3	5			1
			4	7				

240 Beware! Very Challenging

	6							
			3				6	
3				9			4	1
9		8	5					7
			4	2		5		
					7			
5			7		4			
	3	1						
6					8	4	2	

		5				4		
2	8						7	3
	6							
				1	7	8	6	
		3	2					
4			9					2
			4	8		9		
						2		
7		2					3	

				7	9			1
			6	1			7	
7						4		8
			9	2		3	8	
	9		5		7			
	1			8				6
4							5	
	2	5	4				3	

2					5			3
		7				6		
				8		9		
	3	9		1		5		
7		6						9
	8				2	7		
	6					2		
			5					
3			2		7			8

	3				1		2	
			2				4	
1			3					5
3	8				7	6		
9				1			8	
8						2		6
	9							
	2		9		3	8	5	7

1			6		2			
8					5			7
9	4		8				5	
		2		3			8	1
		4					7	
	6							
		1			7	8		
						5	4	9
4								

8					5			
								3
		9		6			7	5
6	3		7		4		9	
4	2			9	1			
								8
2		5						
					7	3	6	
	6			4		1		

		6					2	
3		7	2				8	4
	8		4	1			5	
1					9			
4			1	5	3			7
				8				5
2					4	3		6

248 Beware! Very Challenging

					6	4		
	7							
		1		7	2		3	
7								
	6	3				9	4	
		5				8		2
	8		2					
1	2					5		9
					8	3		

							5	8
		3			4			
8		2						
2			6	8				9
	4	1				7		3
9				7				6
1	7			5		3		2
		9		6	7			

		9		8		4		3
1				5				
3	4					5		
	3	4	1		6	2		
	1				5	6		
	6	7		9		3		5
	2					1		
				4	2			
			7					

					9	8	4	2
	9		1					
4		8						7
5		4					6	
6								5
	8				7			
	1	6				9		
					2	3	8	
			8		1			

		7	9					1
		3				4	6	7
				8		2		
4				5				3
					3		7	
	3		4		9	2		
		6			4			
		4	1				8	
2	1							

		4					9	8
	5			7	4			
	3		9	8			5	
7		2			5		1	
5			7	9	3			
						8		4
			1					
					2		3	

254 Beware! Very Challenging

9	6		1		2	5		
2		8	6				9	
		7	4		9	3		
1	8						3	
								9
			3		6		7	
	4		5					
	5	1	9		3	8	2	
		2						

		5		8				
	7			4		3	5	2
	3				1			
					9	4		
	2	3	7					1
	5				8	6	2	
	8	6					7	
								5
		4		1				

Beware! Very Challenging

					5			
2	8			7			6	
	6	7				1		3
6	5					9		
		9	5		1			
					7		8	
	3							
1					2		5	
	9				3		7	

	6							
		1	5	6	3			2
				4				9
		9						
				2	8			
2	8		4		1			5
4			6				7	
8	9	5					3	4

			5					2
8		3	2				5	
		1			9			7
	7					1		
		8						
			4		5		8	
			3	4	2			
						9	4	
7				8		5		

	1		5					6
			4	7				8
		5						
8	6						9	
1							4	
		2	3					
4			6	5	3		1	
2		7		9			6	
				4	2			

			2	4				
	8	1	5	7			6	
	6				8	9	7	
		6				7	8	1
								9
	2	9			1		3	6
	3	2	4			1	9	8
			8					
	7			9				2

				8	9	6	1	
3					4	5	7	
9				6				1
		2						5
6		4		3				7
	2		8	4				9
			5		3	7		8
4								

		2			5		6	
	1	9	2			4		
			9				2	
								3
	9	5				1		
2				6			7	
3	6			4				5
				1				
	8							

								2
	7				3	6	9	
3	4				2	1		
		8		9	3	6		
	3			4			2	8
4		1	7					
	6							1
9								

				3	8	1	2	
		9						6
			1	7				
	6						8	5
		3		8			9	4
		4	7					
	2				1			
	8			6				
			3		5			

8	1		5		9	7		
4					3			8
		5					6	4
		8		9	4			
	9		8			5		7
			6					
3							1	
2								6
			2	7				5

Beware! Very Challenging

	1				3	2		
	6			5				
			7	2	9	4		
1		6	4					
9	7	8						
6		2		3			8	
8			9			3		
3				4		5	1	

	2		1	8				9
9		3						
					2	5		
			4					8
1	4			7			6	
		2		6				1
4	6	1		5				3
7					6	2		
				9				

					9			
	2					8		
		6				2		5
3			6					
	8				7	1		
2	1	7			3			6
			5	4			7	8
		5			2			
					8		9	

			9		1		2	
	2				8	3		
6		1		2				8
7			2		3	4		
			5		9			
	8			6				1
5	4		8					
				7			3	9

6				1		4		
		2	4		7			
		5	6	3		2		
9	1		2					
	7							
			1			7	3	
		9			6			7
	3						5	4
	2							8

			3		5		2	
		1	8					
	9	3	7			6		
	6							
			5			2	8	
	1			8	4		9	
3					2			4
				5		1	6	
	7							

			1		4		6	
				7	2	1		
	7	8		5				
							4	
	8	3			9			6
2		9		3				
	9				1	2		
	1		5				9	
		2						

						3		
9				1				5
6	8				9			
		6			8		9	
1			4					
8	3					7		
	9		5		4		1	
	7		2	3				
							2	

	1	9						
		8			3		5	
	7		6				8	
		1			6	8		9
8				4				7
9	4						1	
					2			
				8		5	6	1
		3	7				9	

			6				3	1
		2						4
3					8	2		
6		7		8	4			2
		5	9			8		
			1					6
			7					
7		4				6		5
				5		1		

6	3	1	9		2			
	4		5			8		
7			6			9		
		4						6
				4				3
	1		4		3		5	
		8					2	
		6	7					

			5		6		1	2
		9			1			
	8		7			9		
						3		6
6			8		4		7	
			1		2			
								4
2	9	8			5			
	3				9			

9								
		8				7		3
				9	4		5	
	1				6	2	3	4
		3		4		9		
		7		2				
	7	1						
					9	8	2	
			7					

	4		2	1		6		
			8			9		
	1			9		5		
								5
8								
		7	9		2	8		
			5				1	
9		6	7					
	2							3

				7				
		2		6		8		1
3								
		9		1			6	
				8			3	
		8	4	9	2			
7					8	4	5	
8			5			3		
	6							

		9						
2	8	5						9
	1	6				7		
		1			6			
				3				
				4	1		2	5
						6		8
		7		5			9	
3			9	1				2

Beware! Very Challenging

6	2				7			
			9	4		1		
								7
		2		1	3	7	4	
		9	7		8		2	
		6		5			9	
3					1	6		
						8		

	3	1	9	8				7
							1	
	6			7	1	3		
	8	9					2	4
			7			8		
5							3	
6	1							8
		8	3		9	2		5

3		5	4		9			6
4	7			2				
					3		1	
				9	7		2	8
1			5		8	7		4
5		1		3				
8				1			7	
7	4	2						

1				8				
5					6			
4						2		9
				7	1			
		6	5		3			4
							2	
6		8				7		
		5						3
		3		9				5

Beware! Very Challenging

				4			2	
8	4	1	7	3				
	2		6		9			
7						5		
					1		9	8
9				5		1		
		3		9				6
2		6		8	5		4	
		9					1	5

7		9			3	4		2
			6				1	
		6					8	
4								6
9	5	7		1				
						1	2	
			5	7				
		5		4		3		
	4							

Beware! Very Challenging

	4		7					
				5		2	6	
		5	1		6			3
	8						3	
					9	1		6
						4		
9	2	7			3			
5		6	8	7				
						3		

	6				1	7	8		
									9
		1				4	2	7	
						6			2
5									
8		9	4			5	1		
9									
7	3				2				
							9	4	

Beware! Very Challenging

	9							5
		7	8	3				
		8			6			3
			5	6	7		1	
			1					
9	5					3		
	4						9	2
					8	6		
			9	1				

Beware! Very Challenging 291

			3			5	6	
	9	1						
		8					4	
			8		7			3
		9	5			2	8	
	4							5
							9	6
5					8			2
		4			1			

Beware! Very Challenging

2		7					3	
				4				
		9	5	1				8
			8					5
6		1	7		4			
				6				
			3					
5						9	6	4
				7			1	3

9		4		1	3			
		5		4	7	8		
1			5		2			
			1	8	6			3
				5				
					4		6	
5		2					7	
8			3					
4				2	1	9		

Beware! Very Challenging

		9			5			
6	5	8	4			3		
			9	2	8			
	2	3			9		7	
				8			1	
					7	4		3
		7		1				4
	9					7	3	5
	8							1

6	1				9	2		
		3						6
2		5						
			3	4			1	
9		6	7			8		
	8							
			6					8
				7		4	5	
	7	2		9				

8		5	7	1			9	3
						8		
4							7	
		8					5	
			2			7		
				6			2	
	2	1	6	3		5		
	7		1		9			2
								4

9			4				7	
	7	1						8
					6		1	
				5		8	6	
		2	9	1				
	3					7	2	
						3		5
4				6				
		3						

3	1				2		9	5
						2	4	
				8	6		3	
4	8			5				2
7	3			2		4		
5			6					
6								
		4			8			3
		9			5		2	

6					10						
	3				6	7	2	1	4		
		12							5		
		11		9		5		7	8	6	
2			5		1		8	11			
9	4										
	10			3			12				
		8	4	11					2	12	
12		6			9			4			5
						6					12
5	9	3		8				6	7		
							4	10	3		

			11	3					2	5	4
		10			5						
				2		1	6		12	3	9
3		1						12			8
2	5			10	11						
		3			6	4		11			5
	1				12						
	6			1		11		8	4		
				7			5	1			6
				2					3		
	12				9					8	7

ANSWERS

1

7	1	9	6	4	8	5	2	3
5	6	8	3	7	2	1	9	4
3	2	4	1	5	9	8	6	7
6	4	1	9	8	5	3	7	2
8	7	3	2	6	1	4	5	9
2	9	5	4	3	7	6	1	8
9	8	6	7	1	4	2	3	5
4	3	7	5	2	6	9	8	1
1	5	2	8	9	3	7	4	6

2

3	5	1	2	6	7	4	8	9
4	9	7	3	5	8	1	6	2
8	2	6	1	9	4	5	3	7
5	3	4	7	8	1	9	2	6
7	1	9	6	3	2	8	5	4
6	8	2	5	4	9	3	7	1
1	7	5	9	2	3	6	4	8
9	6	8	4	7	5	2	1	3
2	4	3	8	1	6	7	9	5

3

2	9	8	4	6	1	5	7	3
7	6	3	2	9	5	8	1	4
5	1	4	8	3	7	9	2	6
4	3	9	1	8	2	6	5	7
6	8	7	9	5	4	1	3	2
1	5	2	6	7	3	4	8	9
8	2	5	3	4	6	7	9	1
3	7	6	5	1	9	2	4	8
9	4	1	7	2	8	3	6	5

4

6	7	4	5	2	1	9	8	3
3	9	5	4	8	7	6	2	1
1	2	8	3	6	9	7	4	5
8	6	2	1	9	3	4	5	7
4	5	9	8	7	6	3	1	2
7	3	1	2	5	4	8	6	9
5	1	3	7	4	8	2	9	6
9	4	7	6	1	2	5	3	8
2	8	6	9	3	5	1	7	4

5

3	4	9	2	7	8	6	1	5
6	1	2	3	4	5	7	8	9
7	5	8	9	1	6	4	2	3
1	3	4	5	6	2	8	9	7
8	6	7	4	3	9	1	5	2
9	2	5	1	8	7	3	6	4
5	7	6	8	2	3	9	4	1
2	8	1	7	9	4	5	3	6
4	9	3	6	5	1	2	7	8

6

8	9	6	1	3	7	2	5	4
3	2	7	4	5	9	8	6	1
1	4	5	8	2	6	9	7	3
4	3	8	2	6	5	1	9	7
7	1	2	9	4	3	5	8	6
6	5	9	7	8	1	4	3	2
9	8	3	6	1	2	7	4	5
2	6	4	5	7	8	3	1	9
5	7	1	3	9	4	6	2	8

7

4	7	5	8	1	9	6	3	2
2	6	8	4	5	3	1	9	7
1	9	3	7	2	6	5	8	4
8	3	7	9	6	5	2	4	1
9	5	4	2	7	1	3	6	8
6	1	2	3	4	8	9	7	5
7	4	1	6	9	2	8	5	3
3	2	6	5	8	7	4	1	9
5	8	9	1	3	4	7	2	6

8

4	2	3	8	6	1	9	5	7
6	8	9	3	7	5	2	4	1
1	5	7	2	4	9	6	3	8
5	6	2	9	1	3	8	7	4
9	3	8	7	2	4	5	1	6
7	4	1	5	8	6	3	2	9
8	9	4	1	5	2	7	6	3
3	1	5	6	9	7	4	8	2
2	7	6	4	3	8	1	9	5

9

7	4	5	8	9	2	3	1	6
1	2	3	6	5	7	9	4	8
9	6	8	3	4	1	7	2	5
5	8	7	9	1	6	4	3	2
2	3	9	4	8	5	1	6	7
6	1	4	7	2	3	5	8	9
4	7	2	5	3	8	6	9	1
8	9	6	1	7	4	2	5	3
3	5	1	2	6	9	8	7	4

10

4	1	8	9	6	5	7	3	2
2	7	6	3	4	1	5	8	9
5	3	9	2	8	7	6	1	4
3	9	5	6	7	4	8	2	1
1	4	7	8	3	2	9	5	6
6	8	2	5	1	9	4	7	3
8	5	3	1	9	6	2	4	7
9	2	4	7	5	3	1	6	8
7	6	1	4	2	8	3	9	5

11

9	4	2	5	3	7	1	6	8
1	5	6	9	8	2	4	3	7
8	3	7	4	6	1	2	5	9
4	7	9	8	5	3	6	1	2
6	8	5	2	1	4	9	7	3
2	1	3	6	7	9	5	8	4
7	2	1	3	9	5	8	4	6
5	9	8	7	4	6	3	2	1
3	6	4	1	2	8	7	9	5

12

8	9	6	5	7	4	3	1	2
3	7	4	1	9	2	8	5	6
1	2	5	3	6	8	7	4	9
6	3	1	8	2	7	5	9	4
7	4	9	6	5	1	2	8	3
5	8	2	4	3	9	6	7	1
9	5	7	2	1	3	4	6	8
2	1	8	7	4	6	9	3	5
4	6	3	9	8	5	1	2	7

13

8	5	4	7	1	9	3	2	6
1	6	7	2	5	3	9	4	8
3	2	9	8	4	6	7	5	1
2	3	1	4	6	8	5	7	9
7	9	5	1	3	2	8	6	4
4	8	6	9	7	5	1	3	2
5	1	3	6	9	4	2	8	7
6	7	2	5	8	1	4	9	3
9	4	8	3	2	7	6	1	5

14

4	8	7	9	3	5	1	2	6
1	9	5	2	6	7	4	8	3
3	6	2	1	8	4	7	9	5
7	5	8	4	9	1	6	3	2
6	3	4	8	5	2	9	1	7
2	1	9	3	7	6	5	4	8
9	7	1	6	2	3	8	5	4
8	2	6	5	4	9	3	7	1
5	4	3	7	1	8	2	6	9

15

9	1	7	8	2	3	5	4	6
8	5	2	6	1	4	7	9	3
4	3	6	7	5	9	8	1	2
6	8	5	2	4	1	9	3	7
2	4	9	3	7	8	6	5	1
1	7	3	5	9	6	2	8	4
5	9	4	1	6	7	3	2	8
7	2	8	4	3	5	1	6	9
3	6	1	9	8	2	4	7	5

16

3	8	5	4	7	2	1	6	9
2	6	1	5	9	8	7	4	3
4	9	7	1	3	6	2	8	5
7	1	2	9	8	3	6	5	4
9	5	4	6	1	7	3	2	8
6	3	8	2	5	4	9	7	1
1	7	6	3	4	5	8	9	2
5	2	9	8	6	1	4	3	7
8	4	3	7	2	9	5	1	6

17

2	7	3	4	5	8	9	1	6
4	8	5	1	6	9	7	2	3
1	9	6	7	3	2	4	8	5
8	6	4	5	2	1	3	9	7
3	5	2	9	8	7	1	6	4
7	1	9	6	4	3	8	5	2
9	3	8	2	7	5	6	4	1
5	4	7	8	1	6	2	3	9
6	2	1	3	9	4	5	7	8

18

7	9	4	8	3	5	6	2	1
8	6	5	2	1	7	3	4	9
1	2	3	4	6	9	5	8	7
4	1	9	7	5	8	2	3	6
3	7	8	6	4	2	1	9	5
2	5	6	1	9	3	8	7	4
9	4	1	3	8	6	7	5	2
5	8	2	9	7	1	4	6	3
6	3	7	5	2	4	9	1	8

19

8	1	7	2	6	4	5	3	9
9	5	2	7	8	3	1	4	6
3	6	4	9	1	5	2	8	7
1	7	6	3	9	8	4	2	5
4	2	8	5	7	6	9	1	3
5	3	9	1	4	2	7	6	8
6	9	3	4	5	1	8	7	2
2	4	5	8	3	7	6	9	1
7	8	1	6	2	9	3	5	4

20

3	4	8	6	9	7	2	5	1
1	2	6	4	5	8	7	3	9
7	5	9	1	2	3	4	6	8
4	9	5	3	7	2	1	8	6
6	7	2	9	8	1	3	4	5
8	1	3	5	6	4	9	2	7
2	8	1	7	3	6	5	9	4
9	3	7	8	4	5	6	1	2
5	6	4	2	1	9	8	7	3

21

1	6	4	5	8	7	9	2	3
8	3	5	4	9	2	6	7	1
7	2	9	1	3	6	8	4	5
2	5	7	3	4	9	1	6	8
3	4	6	8	7	1	2	5	9
9	8	1	6	2	5	7	3	4
5	9	8	7	6	4	3	1	2
4	7	3	2	1	8	5	9	6
6	1	2	9	5	3	4	8	7

22

1	5	3	6	9	2	4	8	7
4	6	8	5	7	1	9	2	3
2	9	7	8	3	4	6	1	5
9	4	1	3	2	8	5	7	6
7	2	5	1	4	6	8	3	9
8	3	6	9	5	7	2	4	1
5	1	2	7	8	9	3	6	4
6	8	9	4	1	3	7	5	2
3	7	4	2	6	5	1	9	8

23

4	5	6	1	2	7	8	9	3
7	9	2	3	8	6	1	4	5
8	3	1	5	9	4	2	7	6
1	2	4	7	5	3	9	6	8
9	6	3	8	4	1	7	5	2
5	8	7	2	6	9	4	3	1
2	7	8	4	3	5	6	1	9
3	4	9	6	1	8	5	2	7
6	1	5	9	7	2	3	8	4

24

6	7	2	8	3	4	5	9	1
8	3	5	6	1	9	2	7	4
1	4	9	7	2	5	3	8	6
4	8	6	5	9	3	7	1	2
9	1	3	4	7	2	8	6	5
2	5	7	1	8	6	9	4	3
7	2	8	3	4	1	6	5	9
5	9	4	2	6	7	1	3	8
3	6	1	9	5	8	4	2	7

25

1	4	7	2	5	3	6	9	8
3	9	8	1	7	6	2	4	5
2	5	6	4	8	9	7	3	1
8	3	9	7	6	1	5	2	4
7	1	4	9	2	5	3	8	6
6	2	5	3	4	8	9	1	7
5	8	2	6	9	4	1	7	3
9	6	3	8	1	7	4	5	2
4	7	1	5	3	2	8	6	9

26

6	1	2	9	3	7	5	4	8
9	3	5	8	6	4	7	2	1
4	7	8	1	5	2	9	6	3
2	5	1	3	8	9	4	7	6
3	8	4	7	2	6	1	9	5
7	9	6	4	1	5	3	8	2
5	6	7	2	4	3	8	1	9
8	2	9	5	7	1	6	3	4
1	4	3	6	9	8	2	5	7

27

2	8	9	6	3	7	4	1	5
1	5	4	8	9	2	6	7	3
7	6	3	1	5	4	9	2	8
5	1	6	4	8	3	2	9	7
8	9	2	5	7	6	3	4	1
4	3	7	9	2	1	8	5	6
9	7	8	3	4	5	1	6	2
6	4	5	2	1	8	7	3	9
3	2	1	7	6	9	5	8	4

28

1	9	4	6	2	8	5	7	3
2	3	8	5	7	9	1	6	4
6	5	7	4	1	3	9	8	2
9	7	3	8	5	2	6	4	1
8	6	2	9	4	1	3	5	7
5	4	1	7	3	6	2	9	8
7	2	5	1	6	4	8	3	9
3	8	6	2	9	7	4	1	5
4	1	9	3	8	5	7	2	6

29

5	6	3	9	8	1	2	7	4
7	2	1	4	5	6	3	9	8
8	9	4	7	2	3	1	5	6
1	3	8	5	9	7	4	6	2
9	4	7	3	6	2	8	1	5
2	5	6	1	4	8	7	3	9
6	7	5	8	3	4	9	2	1
3	8	9	2	1	5	6	4	7
4	1	2	6	7	9	5	8	3

30

1	6	8	4	2	9	7	3	5
5	7	3	1	6	8	2	4	9
4	2	9	7	5	3	8	1	6
3	9	7	5	8	4	6	2	1
8	5	2	9	1	6	3	7	4
6	4	1	2	3	7	5	9	8
7	3	4	6	9	5	1	8	2
2	8	6	3	4	1	9	5	7
9	1	5	8	7	2	4	6	3

31

6	4	9	2	8	3	7	1	5
8	3	1	6	7	5	9	4	2
5	2	7	9	4	1	8	3	6
7	8	6	1	5	9	3	2	4
9	1	2	8	3	4	6	5	7
3	5	4	7	6	2	1	9	8
1	6	5	4	9	7	2	8	3
2	7	3	5	1	8	4	6	9
4	9	8	3	2	6	5	7	1

32

3	2	9	5	4	1	7	8	6
8	7	5	2	9	6	1	4	3
4	6	1	7	8	3	5	2	9
6	9	8	3	2	7	4	1	5
1	3	7	4	5	9	8	6	2
5	4	2	1	6	8	3	9	7
9	8	4	6	7	5	2	3	1
7	1	6	8	3	2	9	5	4
2	5	3	9	1	4	6	7	8

33

9	1	8	5	2	6	4	3	7
5	4	7	3	9	1	6	2	8
3	2	6	7	4	8	9	5	1
2	9	3	6	7	4	8	1	5
6	7	1	8	5	3	2	9	4
4	8	5	2	1	9	3	7	6
8	6	2	1	3	5	7	4	9
7	5	9	4	6	2	1	8	3
1	3	4	9	8	7	5	6	2

34

1	4	5	2	3	8	7	6	9
3	2	9	7	1	6	4	8	5
8	7	6	5	9	4	3	1	2
7	9	2	3	6	1	5	4	8
4	1	8	9	5	2	6	7	3
5	6	3	8	4	7	9	2	1
6	3	1	4	2	9	8	5	7
9	8	4	1	7	5	2	3	6
2	5	7	6	8	3	1	9	4

35

5	1	7	3	8	6	2	9	4
3	6	8	4	9	2	5	7	1
2	4	9	7	1	5	8	6	3
9	8	2	6	4	1	3	5	7
4	5	1	2	3	7	9	8	6
6	7	3	9	5	8	4	1	2
8	3	5	1	6	4	7	2	9
1	2	4	5	7	9	6	3	8
7	9	6	8	2	3	1	4	5

36

9	8	2	5	4	7	3	6	1
4	6	5	1	8	3	9	2	7
7	3	1	9	2	6	8	4	5
3	2	6	8	1	5	4	7	9
8	7	9	3	6	4	5	1	2
5	1	4	2	7	9	6	8	3
1	5	7	4	9	8	2	3	6
2	4	3	6	5	1	7	9	8
6	9	8	7	3	2	1	5	4

37

4	2	8	9	6	1	5	7	3
5	6	9	7	2	3	8	4	1
7	1	3	4	8	5	9	2	6
3	9	4	1	7	8	2	6	5
8	5	6	3	9	2	4	1	7
2	7	1	5	4	6	3	9	8
1	4	5	2	3	7	6	8	9
6	3	2	8	1	9	7	5	4
9	8	7	6	5	4	1	3	2

38

2	9	8	5	3	7	4	6	1
1	5	3	4	2	6	8	9	7
6	7	4	8	9	1	5	3	2
5	6	7	1	4	2	9	8	3
3	8	1	6	5	9	7	2	4
4	2	9	7	8	3	1	5	6
8	1	5	2	6	4	3	7	9
9	4	6	3	7	8	2	1	5
7	3	2	9	1	5	6	4	8

39

2	8	4	6	1	5	3	7	9
3	5	1	7	8	9	4	6	2
7	9	6	2	4	3	8	5	1
5	6	9	8	7	1	2	4	3
4	3	8	5	2	6	9	1	7
1	7	2	3	9	4	5	8	6
6	2	7	9	5	8	1	3	4
8	4	3	1	6	2	7	9	5
9	1	5	4	3	7	6	2	8

40

3	7	9	5	2	1	4	6	8
2	8	4	3	7	6	1	9	5
1	6	5	9	4	8	2	7	3
4	3	7	6	9	5	8	2	1
6	5	2	8	1	4	9	3	7
8	9	1	2	3	7	6	5	4
5	2	3	1	8	9	7	4	6
7	1	6	4	5	2	3	8	9
9	4	8	7	6	3	5	1	2

41

5	6	9	2	3	1	8	7	4
2	3	7	4	5	8	1	9	6
4	1	8	9	7	6	5	2	3
3	8	1	5	9	4	2	6	7
7	9	2	8	6	3	4	1	5
6	4	5	1	2	7	9	3	8
1	5	6	7	8	2	3	4	9
8	2	3	6	4	9	7	5	1
9	7	4	3	1	5	6	8	2

42

8	9	2	1	5	7	4	6	3
4	1	5	3	6	9	2	7	8
3	6	7	2	4	8	1	5	9
7	2	1	5	8	3	6	9	4
5	3	6	9	7	4	8	2	1
9	4	8	6	1	2	5	3	7
2	8	4	7	9	5	3	1	6
1	5	9	8	3	6	7	4	2
6	7	3	4	2	1	9	8	5

43

1	7	3	4	8	6	2	9	5
6	4	9	2	5	7	1	8	3
8	2	5	9	1	3	7	4	6
4	6	1	8	7	9	3	5	2
9	3	8	1	2	5	4	6	7
2	5	7	6	3	4	9	1	8
3	8	6	7	9	1	5	2	4
5	1	2	3	4	8	6	7	9
7	9	4	5	6	2	8	3	1

44

7	1	3	9	4	2	8	5	6
9	4	2	6	8	5	3	7	1
8	6	5	3	7	1	4	9	2
6	3	7	2	5	8	1	4	9
2	9	1	4	6	7	5	3	8
5	8	4	1	9	3	2	6	7
1	2	6	5	3	9	7	8	4
3	7	9	8	2	4	6	1	5
4	5	8	7	1	6	9	2	3

45

5	8	7	1	6	4	3	2	9
9	2	6	5	7	3	1	8	4
3	4	1	9	8	2	7	6	5
2	9	3	6	1	5	8	4	7
6	7	8	3	4	9	5	1	2
4	1	5	7	2	8	9	3	6
8	5	9	4	3	6	2	7	1
1	3	4	2	5	7	6	9	8
7	6	2	8	9	1	4	5	3

46

3	7	5	6	1	2	8	4	9
6	1	8	3	9	4	5	7	2
4	9	2	5	7	8	3	1	6
1	8	6	9	5	3	7	2	4
2	5	9	8	4	7	6	3	1
7	3	4	2	6	1	9	8	5
8	6	7	1	2	9	4	5	3
9	4	1	7	3	5	2	6	8
5	2	3	4	8	6	1	9	7

47

7	1	5	2	4	3	8	9	6
2	6	3	5	8	9	1	7	4
9	4	8	7	1	6	5	3	2
1	8	9	6	5	7	2	4	3
5	3	6	9	2	4	7	1	8
4	7	2	8	3	1	9	6	5
6	5	1	3	7	8	4	2	9
8	9	4	1	6	2	3	5	7
3	2	7	4	9	5	6	8	1

48

7	1	8	3	6	4	9	2	5
2	4	5	9	1	7	6	8	3
3	9	6	8	5	2	1	4	7
5	3	4	1	7	6	8	9	2
6	8	2	5	3	9	4	7	1
9	7	1	4	2	8	5	3	6
8	5	3	7	9	1	2	6	4
4	2	7	6	8	5	3	1	9
1	6	9	2	4	3	7	5	8

49

1	3	8	9	5	2	4	6	7
7	9	2	4	3	6	5	1	8
6	5	4	8	1	7	3	9	2
4	2	1	5	8	9	6	7	3
9	8	6	3	7	1	2	4	5
3	7	5	2	6	4	1	8	9
5	1	3	7	4	8	9	2	6
2	6	7	1	9	3	8	5	4
8	4	9	6	2	5	7	3	1

50

2	8	7	4	6	9	5	3	1
6	9	3	2	5	1	7	8	4
5	4	1	3	8	7	9	2	6
4	7	5	6	1	3	8	9	2
8	3	9	5	2	4	6	1	7
1	6	2	7	9	8	3	4	5
7	1	4	9	3	5	2	6	8
3	2	8	1	7	6	4	5	9
9	5	6	8	4	2	1	7	3

51

6	8	7	4	1	2	9	3	5
9	4	1	7	5	3	8	6	2
3	5	2	8	9	6	4	7	1
8	1	3	9	7	4	2	5	6
4	2	5	6	8	1	7	9	3
7	9	6	2	3	5	1	4	8
1	3	8	5	4	9	6	2	7
2	7	9	3	6	8	5	1	4
5	6	4	1	2	7	3	8	9

52

1	7	5	9	8	4	3	6	2
8	6	4	5	2	3	9	1	7
9	2	3	1	7	6	4	8	5
4	3	2	7	1	5	8	9	6
7	5	8	3	6	9	1	2	4
6	1	9	2	4	8	7	5	3
5	9	1	4	3	2	6	7	8
2	4	6	8	9	7	5	3	1
3	8	7	6	5	1	2	4	9

53

7	5	1	4	9	8	6	3	2
4	6	2	1	3	7	5	9	8
9	3	8	6	5	2	7	1	4
5	8	6	2	4	3	1	7	9
2	9	3	7	6	1	8	4	5
1	7	4	9	8	5	3	2	6
6	1	7	8	2	9	4	5	3
3	4	9	5	7	6	2	8	1
8	2	5	3	1	4	9	6	7

54

1	8	3	4	7	5	9	2	6
4	5	6	3	2	9	7	1	8
2	7	9	1	6	8	3	5	4
8	6	1	7	9	2	4	3	5
5	3	2	8	4	1	6	9	7
9	4	7	6	5	3	2	8	1
6	9	5	2	1	7	8	4	3
7	2	8	5	3	4	1	6	9
3	1	4	9	8	6	5	7	2

55

3	4	8	7	2	6	1	9	5
5	1	7	8	9	4	3	6	2
2	6	9	3	5	1	8	4	7
1	9	4	2	3	8	7	5	6
7	5	3	6	4	9	2	1	8
6	8	2	5	1	7	9	3	4
4	3	6	1	8	2	5	7	9
8	7	1	9	6	5	4	2	3
9	2	5	4	7	3	6	8	1

56

1	7	3	8	5	4	2	9	6
9	2	6	1	3	7	4	5	8
8	5	4	6	2	9	7	3	1
5	1	7	3	4	8	6	2	9
3	9	8	7	6	2	1	4	5
6	4	2	5	9	1	3	8	7
4	6	1	2	8	5	9	7	3
7	8	9	4	1	3	5	6	2
2	3	5	9	7	6	8	1	4

57

2	8	3	5	7	9	1	4	6
5	9	4	3	1	6	7	8	2
6	7	1	4	2	8	5	3	9
4	6	5	8	9	2	3	7	1
9	3	8	1	5	7	6	2	4
7	1	2	6	4	3	8	9	5
8	5	9	2	3	1	4	6	7
1	2	6	7	8	4	9	5	3
3	4	7	9	6	5	2	1	8

58

3	9	1	6	8	4	7	5	2
4	2	5	7	3	9	1	8	6
8	6	7	1	5	2	4	9	3
2	8	3	5	1	6	9	4	7
9	1	4	2	7	8	3	6	5
5	7	6	4	9	3	8	2	1
6	3	9	8	2	1	5	7	4
7	4	8	3	6	5	2	1	9
1	5	2	9	4	7	6	3	8

59

6	9	2	5	3	7	1	4	8
7	8	3	4	1	2	6	5	9
1	5	4	9	8	6	7	2	3
2	6	1	3	5	8	4	9	7
8	3	9	7	2	4	5	6	1
4	7	5	6	9	1	8	3	2
9	1	6	2	7	5	3	8	4
5	2	8	1	4	3	9	7	6
3	4	7	8	6	9	2	1	5

60

6	9	1	7	8	3	4	2	5
2	7	8	5	1	4	3	6	9
4	5	3	9	2	6	7	8	1
1	6	9	3	7	2	8	5	4
3	8	7	4	6	5	1	9	2
5	2	4	1	9	8	6	7	3
9	1	5	8	4	7	2	3	6
8	3	6	2	5	1	9	4	7
7	4	2	6	3	9	5	1	8

61

7	8	1	6	3	2	9	4	5
9	5	2	7	1	4	6	3	8
4	3	6	8	9	5	7	1	2
2	4	9	3	7	6	8	5	1
6	7	3	5	8	1	2	9	4
5	1	8	4	2	9	3	6	7
1	9	4	2	6	7	5	8	3
8	6	7	1	5	3	4	2	9
3	2	5	9	4	8	1	7	6

62

4	3	5	6	8	9	2	1	7
2	1	8	5	7	4	3	6	9
7	6	9	1	3	2	8	5	4
9	2	7	3	4	1	6	8	5
1	5	6	2	9	8	7	4	3
3	8	4	7	6	5	9	2	1
8	4	2	9	1	7	5	3	6
5	7	3	4	2	6	1	9	8
6	9	1	8	5	3	4	7	2

63

1	9	4	2	6	8	3	7	5
8	5	3	9	7	4	6	1	2
7	2	6	3	5	1	9	8	4
5	1	7	8	4	3	2	9	6
9	4	8	1	2	6	7	5	3
3	6	2	7	9	5	8	4	1
4	7	5	6	3	9	1	2	8
2	3	1	5	8	7	4	6	9
6	8	9	4	1	2	5	3	7

64

5	9	3	8	1	4	2	6	7
6	8	7	5	9	2	1	3	4
1	4	2	3	7	6	8	9	5
3	7	1	9	5	8	4	2	6
2	5	8	4	6	3	9	7	1
9	6	4	7	2	1	5	8	3
7	2	5	1	3	9	6	4	8
8	3	9	6	4	5	7	1	2
4	1	6	2	8	7	3	5	9

65

5	3	9	7	2	1	4	8	6
1	4	2	8	5	6	3	9	7
7	8	6	4	3	9	2	1	5
2	6	8	5	9	4	1	7	3
3	9	5	1	7	8	6	2	4
4	7	1	2	6	3	9	5	8
8	5	4	6	1	2	7	3	9
6	2	3	9	8	7	5	4	1
9	1	7	3	4	5	8	6	2

66

2	7	8	9	6	3	1	5	4
6	4	5	7	1	2	8	3	9
9	3	1	8	5	4	2	7	6
8	2	3	6	4	1	7	9	5
1	5	9	3	8	7	4	6	2
7	6	4	2	9	5	3	8	1
4	8	2	5	7	9	6	1	3
3	9	7	1	2	6	5	4	8
5	1	6	4	3	8	9	2	7

67

3	6	1	4	7	9	8	2	5
8	5	9	6	2	3	4	1	7
4	7	2	8	1	5	3	6	9
5	9	3	1	4	7	6	8	2
6	2	4	3	5	8	9	7	1
1	8	7	9	6	2	5	3	4
7	3	5	2	9	6	1	4	8
2	1	8	5	3	4	7	9	6
9	4	6	7	8	1	2	5	3

68

3	6	1	4	9	8	7	2	5
9	5	8	2	7	6	1	4	3
4	7	2	1	3	5	8	9	6
5	8	4	7	1	9	6	3	2
1	2	3	6	5	4	9	8	7
6	9	7	3	8	2	5	1	4
7	3	5	9	2	1	4	6	8
2	4	9	8	6	7	3	5	1
8	1	6	5	4	3	2	7	9

69

8	5	2	7	9	1	4	3	6
6	7	1	3	2	4	8	5	9
9	4	3	5	8	6	2	1	7
4	6	9	8	5	3	7	2	1
2	1	7	6	4	9	5	8	3
3	8	5	1	7	2	9	6	4
1	9	4	2	3	8	6	7	5
5	3	8	9	6	7	1	4	2
7	2	6	4	1	5	3	9	8

70

7	8	5	1	9	2	4	6	3
3	2	1	6	4	7	8	5	9
9	6	4	5	3	8	2	1	7
2	1	8	4	6	9	7	3	5
5	9	3	8	7	1	6	4	2
4	7	6	3	2	5	1	9	8
1	3	2	7	5	6	9	8	4
6	5	9	2	8	4	3	7	1
8	4	7	9	1	3	5	2	6

71

5	7	3	8	1	9	6	2	4
8	1	6	4	2	7	3	9	5
9	4	2	6	5	3	7	8	1
6	2	8	3	4	1	5	7	9
7	5	4	9	6	2	1	3	8
1	3	9	5	7	8	2	4	6
2	6	7	1	8	4	9	5	3
3	8	5	2	9	6	4	1	7
4	9	1	7	3	5	8	6	2

72

4	7	9	5	6	2	8	1	3
3	5	6	8	7	1	4	9	2
1	8	2	3	4	9	7	6	5
6	4	8	2	1	7	3	5	9
9	1	7	6	3	5	2	8	4
5	2	3	9	8	4	6	7	1
2	3	1	7	9	6	5	4	8
8	6	4	1	5	3	9	2	7
7	9	5	4	2	8	1	3	6

73

3	4	8	5	9	1	6	2	7
9	6	1	2	7	4	3	5	8
5	7	2	3	8	6	1	4	9
2	3	4	1	5	9	7	8	6
1	8	6	7	2	3	5	9	4
7	9	5	6	4	8	2	1	3
8	1	7	4	3	2	9	6	5
4	2	3	9	6	5	8	7	1
6	5	9	8	1	7	4	3	2

74

5	7	4	6	9	2	1	8	3
9	2	3	5	8	1	7	6	4
8	6	1	4	3	7	9	5	2
7	5	9	8	6	4	3	2	1
2	3	6	7	1	9	5	4	8
4	1	8	3	2	5	6	9	7
6	9	7	2	4	3	8	1	5
1	4	5	9	7	8	2	3	6
3	8	2	1	5	6	4	7	9

75

7	8	2	6	4	1	3	5	9
9	6	5	2	7	3	4	8	1
4	1	3	8	5	9	6	7	2
5	2	9	4	3	6	8	1	7
8	3	7	5	1	2	9	6	4
6	4	1	7	9	8	5	2	3
3	5	4	1	6	7	2	9	8
2	7	6	9	8	4	1	3	5
1	9	8	3	2	5	7	4	6

76

8	3	9	7	5	1	6	2	4
7	5	6	3	2	4	9	1	8
2	4	1	6	8	9	7	3	5
9	2	4	1	6	7	8	5	3
1	6	8	2	3	5	4	9	7
3	7	5	4	9	8	1	6	2
5	1	7	9	4	2	3	8	6
6	9	2	8	7	3	5	4	1
4	8	3	5	1	6	2	7	9

77

4	3	6	5	8	1	7	2	9
1	8	2	9	7	6	3	5	4
5	7	9	2	3	4	8	1	6
7	2	8	6	4	3	5	9	1
3	6	5	8	1	9	4	7	2
9	4	1	7	2	5	6	8	3
6	5	3	1	9	7	2	4	8
8	1	7	4	6	2	9	3	5
2	9	4	3	5	8	1	6	7

78

6	4	9	3	1	8	5	2	7
5	1	2	4	9	7	3	8	6
7	3	8	6	5	2	9	4	1
9	8	6	2	3	4	7	1	5
1	2	7	8	6	5	4	9	3
4	5	3	9	7	1	8	6	2
8	6	4	7	2	3	1	5	9
3	9	5	1	4	6	2	7	8
2	7	1	5	8	9	6	3	4

79

8	6	4	9	3	1	7	2	5
1	2	3	5	7	4	8	6	9
9	7	5	8	2	6	1	4	3
7	4	6	2	1	3	5	9	8
5	3	8	4	9	7	2	1	6
2	1	9	6	5	8	4	3	7
3	5	7	1	6	2	9	8	4
4	9	2	3	8	5	6	7	1
6	8	1	7	4	9	3	5	2

80

3	9	7	4	8	6	1	5	2
2	5	4	3	7	1	8	6	9
6	8	1	5	9	2	4	7	3
5	4	2	7	1	8	9	3	6
7	1	9	6	5	3	2	4	8
8	6	3	2	4	9	5	1	7
1	3	6	8	2	4	7	9	5
4	7	8	9	3	5	6	2	1
9	2	5	1	6	7	3	8	4

81

9	7	1	5	3	6	4	2	8
3	4	5	8	2	9	6	1	7
8	6	2	7	4	1	3	9	5
4	2	3	1	5	8	9	7	6
5	9	7	4	6	2	1	8	3
1	8	6	9	7	3	2	5	4
7	3	4	2	1	5	8	6	9
2	5	8	6	9	4	7	3	1
6	1	9	3	8	7	5	4	2

82

7	5	3	1	6	4	2	8	9
6	4	8	5	2	9	1	3	7
9	1	2	8	3	7	5	6	4
3	2	6	4	5	8	7	9	1
4	7	5	6	9	1	3	2	8
1	8	9	2	7	3	6	4	5
2	6	4	7	8	5	9	1	3
5	9	1	3	4	2	8	7	6
8	3	7	9	1	6	4	5	2

83

2	7	3	9	4	6	1	8	5
4	8	6	7	1	5	2	3	9
9	1	5	3	2	8	7	4	6
6	4	2	5	3	9	8	1	7
5	3	8	1	7	4	6	9	2
7	9	1	6	8	2	3	5	4
8	6	7	4	9	3	5	2	1
3	5	9	2	6	1	4	7	8
1	2	4	8	5	7	9	6	3

84

7	1	8	9	4	6	3	2	5
9	2	4	5	3	7	1	6	8
3	6	5	2	1	8	7	4	9
6	5	9	4	8	3	2	1	7
1	3	2	7	6	5	9	8	4
4	8	7	1	2	9	6	5	3
2	7	3	8	5	1	4	9	6
8	4	6	3	9	2	5	7	1
5	9	1	6	7	4	8	3	2

85

6	2	3	5	1	9	8	4	7
4	5	7	3	8	6	2	9	1
9	8	1	4	7	2	6	3	5
8	9	4	6	3	1	7	5	2
1	6	5	2	4	7	9	8	3
7	3	2	8	9	5	4	1	6
2	1	6	9	5	8	3	7	4
3	7	8	1	6	4	5	2	9
5	4	9	7	2	3	1	6	8

86

8	9	3	6	4	5	2	1	7
6	4	1	8	7	2	3	9	5
2	5	7	3	1	9	4	6	8
9	8	6	2	5	3	1	7	4
3	1	4	7	9	8	5	2	6
5	7	2	1	6	4	9	8	3
1	6	5	9	3	7	8	4	2
4	2	9	5	8	6	7	3	1
7	3	8	4	2	1	6	5	9

87

1	7	2	5	3	6	8	9	4
5	9	6	8	1	4	3	2	7
3	8	4	7	2	9	5	6	1
4	1	7	3	6	2	9	5	8
2	6	9	4	5	8	7	1	3
8	5	3	1	9	7	6	4	2
7	3	1	9	4	5	2	8	6
9	2	8	6	7	1	4	3	5
6	4	5	2	8	3	1	7	9

88

3	9	5	4	2	6	8	7	1
1	2	4	7	8	3	9	5	6
8	7	6	9	5	1	4	2	3
9	4	7	3	6	2	1	8	5
5	8	3	1	9	4	7	6	2
6	1	2	5	7	8	3	4	9
2	6	1	8	4	9	5	3	7
4	5	9	6	3	7	2	1	8
7	3	8	2	1	5	6	9	4

89

8	9	1	7	3	5	2	4	6
2	3	6	8	4	1	5	7	9
7	5	4	2	6	9	8	3	1
1	7	3	9	5	6	4	2	8
9	6	8	3	2	4	1	5	7
4	2	5	1	8	7	9	6	3
5	4	9	6	1	3	7	8	2
6	1	2	4	7	8	3	9	5
3	8	7	5	9	2	6	1	4

90

4	9	2	1	7	5	6	8	3
5	6	3	2	8	9	4	1	7
7	1	8	6	4	3	5	9	2
2	4	5	3	1	7	8	6	9
9	8	7	4	2	6	3	5	1
6	3	1	5	9	8	2	7	4
8	2	4	7	6	1	9	3	5
3	7	6	9	5	2	1	4	8
1	5	9	8	3	4	7	2	6

91

6	9	1	7	5	8	4	2	3
2	8	5	3	4	1	9	6	7
4	3	7	9	2	6	8	1	5
5	7	3	2	6	4	1	9	8
9	6	2	1	8	7	3	5	4
1	4	8	5	3	9	2	7	6
3	5	4	6	1	2	7	8	9
8	1	9	4	7	5	6	3	2
7	2	6	8	9	3	5	4	1

92

8	5	9	4	3	6	7	2	1
7	3	2	1	5	8	9	4	6
6	4	1	2	7	9	8	5	3
1	6	3	9	2	7	5	8	4
5	8	7	6	4	1	2	3	9
2	9	4	3	8	5	6	1	7
9	2	8	7	1	4	3	6	5
3	1	6	5	9	2	4	7	8
4	7	5	8	6	3	1	9	2

93

2	3	4	8	9	5	1	6	7
5	6	1	3	7	4	9	2	8
9	7	8	6	1	2	5	4	3
7	8	5	4	3	1	6	9	2
4	1	6	9	2	7	8	3	5
3	2	9	5	8	6	4	7	1
1	5	7	2	4	9	3	8	6
6	9	3	7	5	8	2	1	4
8	4	2	1	6	3	7	5	9

94

6	7	2	4	8	9	1	3	5
3	1	4	7	6	5	9	8	2
5	8	9	1	2	3	7	6	4
8	2	7	9	1	4	6	5	3
9	5	1	8	3	6	2	4	7
4	3	6	5	7	2	8	9	1
7	9	3	2	5	8	4	1	6
2	4	5	6	9	1	3	7	8
1	6	8	3	4	7	5	2	9

95

4	1	6	9	8	3	7	2	5
8	3	2	7	5	6	1	9	4
5	7	9	2	4	1	6	3	8
7	9	4	8	6	2	5	1	3
3	6	5	4	1	9	8	7	2
1	2	8	5	3	7	4	6	9
2	8	7	6	9	4	3	5	1
9	5	3	1	7	8	2	4	6
6	4	1	3	2	5	9	8	7

96

7	3	5	8	6	9	1	4	2
2	9	4	1	7	3	6	8	5
1	6	8	5	2	4	7	3	9
3	7	1	9	4	2	8	5	6
5	8	9	6	3	1	4	2	7
6	4	2	7	8	5	9	1	3
4	5	7	2	9	8	3	6	1
9	1	3	4	5	6	2	7	8
8	2	6	3	1	7	5	9	4

97

4	6	5	7	9	1	2	8	3
3	7	1	2	6	8	4	9	5
9	8	2	4	3	5	7	6	1
6	1	8	5	2	9	3	4	7
5	4	7	3	8	6	9	1	2
2	3	9	1	7	4	6	5	8
1	5	3	6	4	2	8	7	9
7	9	4	8	1	3	5	2	6
8	2	6	9	5	7	1	3	4

98

5	7	4	3	1	2	9	8	6
9	2	1	7	8	6	4	5	3
6	3	8	9	4	5	1	2	7
4	1	3	2	6	7	8	9	5
2	8	5	1	9	3	6	7	4
7	9	6	8	5	4	3	1	2
3	5	9	4	2	1	7	6	8
1	6	7	5	3	8	2	4	9
8	4	2	6	7	9	5	3	1

99

7	1	9	3	6	5	4	2	8
5	8	3	2	9	4	1	6	7
6	4	2	8	1	7	3	9	5
1	3	8	9	5	2	6	7	4
4	5	6	7	8	1	9	3	2
2	9	7	6	4	3	5	8	1
9	6	5	4	2	8	7	1	3
3	2	1	5	7	9	8	4	6
8	7	4	1	3	6	2	5	9

100

2	8	5	9	4	6	1	7	3
7	4	3	2	1	8	9	5	6
6	9	1	5	7	3	8	2	4
8	7	6	3	9	5	4	1	2
1	3	9	4	8	2	5	6	7
5	2	4	7	6	1	3	8	9
4	5	2	1	3	7	6	9	8
9	6	7	8	5	4	2	3	1
3	1	8	6	2	9	7	4	5

101

8	6	4	3	5	7	9	2	1
2	1	5	6	9	8	4	3	7
9	7	3	4	2	1	8	6	5
1	9	2	8	6	3	5	7	4
3	8	6	5	7	4	1	9	2
4	5	7	2	1	9	6	8	3
6	3	8	7	4	5	2	1	9
5	2	1	9	3	6	7	4	8
7	4	9	1	8	2	3	5	6

102

2	1	5	7	4	8	9	3	6
9	4	3	1	2	6	5	8	7
7	8	6	3	9	5	4	1	2
4	6	7	8	1	9	2	5	3
8	9	2	5	7	3	1	6	4
5	3	1	2	6	4	7	9	8
6	2	4	9	8	1	3	7	5
1	5	8	4	3	7	6	2	9
3	7	9	6	5	2	8	4	1

103

8	3	2	1	9	7	6	4	5
1	6	7	2	4	5	9	8	3
4	9	5	8	6	3	2	7	1
5	8	6	4	1	2	3	9	7
9	2	1	7	3	6	4	5	8
3	7	4	5	8	9	1	2	6
2	4	8	6	7	1	5	3	9
7	1	9	3	5	4	8	6	2
6	5	3	9	2	8	7	1	4

104

9	8	3	2	6	1	4	5	7
5	2	7	9	4	3	8	6	1
1	4	6	5	8	7	9	3	2
8	3	4	1	2	6	7	9	5
6	1	5	7	3	9	2	4	8
2	7	9	4	5	8	3	1	6
3	5	8	6	7	4	1	2	9
7	6	1	3	9	2	5	8	4
4	9	2	8	1	5	6	7	3

105

3	1	6	9	7	8	2	4	5
8	2	7	3	4	5	1	9	6
4	5	9	6	1	2	3	7	8
1	8	5	4	3	6	9	2	7
7	9	4	5	2	1	6	8	3
2	6	3	8	9	7	4	5	1
5	7	1	2	6	9	8	3	4
9	4	8	1	5	3	7	6	2
6	3	2	7	8	4	5	1	9

106

9	1	5	3	7	6	2	8	4
3	4	8	9	1	2	7	5	6
2	7	6	8	5	4	3	1	9
8	9	3	2	6	1	4	7	5
5	2	1	7	4	8	9	6	3
7	6	4	5	3	9	8	2	1
6	3	7	4	8	5	1	9	2
4	5	9	1	2	7	6	3	8
1	8	2	6	9	3	5	4	7

107

7	2	5	3	1	9	6	8	4
6	1	4	8	2	7	5	9	3
8	3	9	5	4	6	2	1	7
3	9	6	1	5	2	4	7	8
1	4	8	7	6	3	9	2	5
2	5	7	9	8	4	3	6	1
5	6	3	2	7	8	1	4	9
4	8	1	6	9	5	7	3	2
9	7	2	4	3	1	8	5	6

108

2	1	4	3	6	8	5	9	7
8	9	5	4	1	7	3	2	6
6	3	7	5	9	2	4	8	1
3	7	9	1	2	4	6	5	8
5	2	1	6	8	3	7	4	9
4	8	6	9	7	5	2	1	3
7	4	3	8	5	9	1	6	2
1	5	8	2	3	6	9	7	4
9	6	2	7	4	1	8	3	5

109

4	7	2	5	3	9	8	6	1
3	8	6	2	4	1	5	9	7
9	1	5	6	7	8	2	3	4
6	4	8	7	9	3	1	2	5
5	3	1	8	2	4	9	7	6
2	9	7	1	6	5	3	4	8
1	6	4	3	8	2	7	5	9
7	5	3	9	1	6	4	8	2
8	2	9	4	5	7	6	1	3

110

7	2	3	5	8	1	4	6	9
4	1	6	9	2	7	8	3	5
9	8	5	6	3	4	7	2	1
5	9	1	4	6	3	2	7	8
6	7	8	2	1	9	5	4	3
3	4	2	8	7	5	9	1	6
1	5	7	3	9	2	6	8	4
8	3	9	7	4	6	1	5	2
2	6	4	1	5	8	3	9	7

111

1	7	2	5	9	8	3	4	6
4	3	9	2	7	6	5	1	8
6	8	5	4	1	3	7	9	2
9	6	7	8	2	5	4	3	1
2	5	3	6	4	1	8	7	9
8	4	1	9	3	7	6	2	5
3	9	8	1	6	4	2	5	7
7	2	6	3	5	9	1	8	4
5	1	4	7	8	2	9	6	3

112

8	7	9	1	3	6	4	2	5
2	4	6	8	9	5	1	7	3
1	5	3	4	2	7	6	9	8
5	6	8	3	7	2	9	1	4
9	1	2	5	6	4	8	3	7
4	3	7	9	8	1	2	5	6
3	8	5	6	1	9	7	4	2
7	9	4	2	5	8	3	6	1
6	2	1	7	4	3	5	8	9

113

2	8	5	7	9	3	6	4	1
9	7	4	8	6	1	2	5	3
1	3	6	4	2	5	7	9	8
3	9	7	6	1	8	5	2	4
6	4	1	5	7	2	3	8	9
8	5	2	3	4	9	1	6	7
4	2	3	1	8	6	9	7	5
5	6	8	9	3	7	4	1	2
7	1	9	2	5	4	8	3	6

114

9	3	6	2	7	1	8	4	5
8	2	4	6	5	9	7	3	1
1	7	5	3	4	8	2	6	9
6	5	2	9	3	7	4	1	8
4	9	1	5	8	2	6	7	3
3	8	7	4	1	6	9	5	2
5	6	9	7	2	3	1	8	4
2	1	3	8	6	4	5	9	7
7	4	8	1	9	5	3	2	6

115

5	3	1	6	4	2	8	7	9
9	6	7	8	3	5	4	2	1
8	2	4	7	9	1	3	5	6
1	8	6	2	5	3	9	4	7
4	7	9	1	6	8	5	3	2
2	5	3	9	7	4	1	6	8
6	9	5	4	1	7	2	8	3
7	4	8	3	2	9	6	1	5
3	1	2	5	8	6	7	9	4

116

4	5	2	6	1	3	9	7	8
8	3	7	4	5	9	2	1	6
1	9	6	2	7	8	3	5	4
3	2	9	7	6	1	8	4	5
7	4	1	8	2	5	6	9	3
6	8	5	3	9	4	7	2	1
2	1	3	9	4	6	5	8	7
5	7	8	1	3	2	4	6	9
9	6	4	5	8	7	1	3	2

117

5	9	1	6	7	2	3	8	4
3	6	4	8	5	1	2	7	9
8	7	2	9	3	4	1	6	5
6	5	8	7	9	3	4	2	1
9	1	7	4	2	5	6	3	8
4	2	3	1	6	8	9	5	7
2	8	9	5	1	6	7	4	3
1	3	5	2	4	7	8	9	6
7	4	6	3	8	9	5	1	2

118

8	4	3	7	9	6	5	1	2
2	6	7	1	4	5	8	3	9
5	9	1	2	3	8	7	6	4
4	1	5	3	7	2	6	9	8
7	3	6	8	5	9	4	2	1
9	2	8	6	1	4	3	5	7
3	7	2	5	8	1	9	4	6
1	5	4	9	6	7	2	8	3
6	8	9	4	2	3	1	7	5

119

2	4	1	6	8	3	7	5	9
7	9	8	5	4	1	2	3	6
5	3	6	9	2	7	4	8	1
1	7	5	3	6	8	9	2	4
9	2	4	7	1	5	3	6	8
8	6	3	4	9	2	5	1	7
6	8	7	2	5	4	1	9	3
3	5	9	1	7	6	8	4	2
4	1	2	8	3	9	6	7	5

120

6	8	2	1	3	7	4	9	5
5	4	7	8	2	9	3	6	1
3	9	1	4	5	6	7	2	8
8	1	6	7	9	4	5	3	2
9	3	5	2	8	1	6	7	4
2	7	4	5	6	3	8	1	9
4	2	9	6	7	8	1	5	3
1	6	3	9	4	5	2	8	7
7	5	8	3	1	2	9	4	6

121

5	9	7	1	4	2	8	6	3
6	8	1	9	7	3	2	4	5
2	3	4	5	6	8	7	9	1
3	7	5	2	9	6	4	1	8
1	4	2	8	5	7	6	3	9
8	6	9	3	1	4	5	2	7
7	1	3	6	2	5	9	8	4
4	2	8	7	3	9	1	5	6
9	5	6	4	8	1	3	7	2

122

9	1	7	8	6	2	3	5	4
3	8	4	5	7	9	2	1	6
6	5	2	4	3	1	8	9	7
4	7	9	2	8	6	5	3	1
1	2	6	9	5	3	4	7	8
8	3	5	1	4	7	6	2	9
5	4	1	7	2	8	9	6	3
7	6	8	3	9	5	1	4	2
2	9	3	6	1	4	7	8	5

123

7	9	4	8	1	3	6	5	2
6	5	3	7	2	9	4	1	8
2	8	1	6	5	4	9	3	7
5	3	8	4	9	1	2	7	6
9	1	7	2	6	8	5	4	3
4	2	6	5	3	7	8	9	1
8	4	2	3	7	5	1	6	9
1	7	5	9	8	6	3	2	4
3	6	9	1	4	2	7	8	5

124

8	2	9	5	7	1	4	3	6
5	3	4	9	6	8	7	2	1
6	1	7	2	4	3	5	8	9
4	6	5	3	2	7	1	9	8
2	9	1	4	8	5	6	7	3
3	7	8	1	9	6	2	4	5
7	5	3	8	1	4	9	6	2
1	4	2	6	3	9	8	5	7
9	8	6	7	5	2	3	1	4

125

9	5	3	7	6	4	8	2	1
2	1	4	3	8	9	5	6	7
6	7	8	1	5	2	4	3	9
7	8	1	5	2	3	6	9	4
5	9	6	4	7	1	2	8	3
4	3	2	8	9	6	7	1	5
3	6	5	2	1	7	9	4	8
1	2	7	9	4	8	3	5	6
8	4	9	6	3	5	1	7	2

126

7	6	8	5	2	9	1	4	3
4	2	5	3	7	1	9	6	8
9	1	3	8	4	6	5	7	2
5	4	1	6	8	7	2	3	9
6	8	2	9	3	4	7	1	5
3	9	7	2	1	5	6	8	4
2	7	9	4	6	3	8	5	1
8	3	6	1	5	2	4	9	7
1	5	4	7	9	8	3	2	6

127

2	1	8	6	7	9	4	5	3
9	6	3	5	2	4	1	8	7
5	7	4	3	8	1	2	6	9
4	2	6	9	5	7	8	3	1
7	8	5	1	4	3	9	2	6
3	9	1	8	6	2	5	7	4
6	5	9	4	3	8	7	1	2
1	3	7	2	9	5	6	4	8
8	4	2	7	1	6	3	9	5

128

5	9	2	1	7	6	4	8	3
3	1	8	2	5	4	6	7	9
4	7	6	3	9	8	1	5	2
2	8	1	4	3	5	9	6	7
9	4	7	6	8	2	3	1	5
6	3	5	9	1	7	8	2	4
8	5	3	7	4	1	2	9	6
7	6	9	8	2	3	5	4	1
1	2	4	5	6	9	7	3	8

129

1	7	2	4	3	8	9	5	6
3	6	8	2	5	9	4	7	1
9	4	5	6	1	7	2	3	8
4	1	6	7	2	5	3	8	9
2	8	7	3	9	4	6	1	5
5	9	3	8	6	1	7	2	4
8	3	9	5	4	2	1	6	7
7	2	4	1	8	6	5	9	3
6	5	1	9	7	3	8	4	2

130

1	5	2	8	3	7	4	9	6
6	4	7	2	9	5	8	3	1
9	8	3	4	6	1	2	5	7
8	6	5	1	4	3	9	7	2
7	3	1	9	5	2	6	4	8
2	9	4	7	8	6	5	1	3
3	2	6	5	1	4	7	8	9
4	1	9	6	7	8	3	2	5
5	7	8	3	2	9	1	6	4

131

4	5	3	8	2	6	1	9	7
1	8	7	3	5	9	4	6	2
2	9	6	4	7	1	5	8	3
9	7	4	1	6	3	8	2	5
3	1	2	5	8	7	9	4	6
5	6	8	2	9	4	7	3	1
6	4	1	7	3	8	2	5	9
8	2	9	6	1	5	3	7	4
7	3	5	9	4	2	6	1	8

132

1	3	2	9	6	4	7	5	8
7	6	8	2	3	5	1	9	4
5	9	4	8	1	7	6	3	2
3	8	9	1	4	6	5	2	7
2	7	6	3	5	9	4	8	1
4	1	5	7	8	2	3	6	9
9	5	1	4	2	3	8	7	6
8	2	3	6	7	1	9	4	5
6	4	7	5	9	8	2	1	3

133

6	3	4	7	1	8	9	2	5
1	7	8	2	9	5	4	6	3
9	2	5	6	3	4	1	7	8
5	6	2	1	8	7	3	4	9
8	9	1	4	6	3	7	5	2
7	4	3	9	5	2	6	8	1
2	1	6	8	4	9	5	3	7
4	5	7	3	2	1	8	9	6
3	8	9	5	7	6	2	1	4

134

4	6	2	9	1	3	7	8	5
3	9	7	8	6	5	1	2	4
1	8	5	4	7	2	9	3	6
6	2	8	3	9	4	5	7	1
9	5	3	1	8	7	4	6	2
7	4	1	5	2	6	8	9	3
5	7	4	6	3	9	2	1	8
2	1	6	7	5	8	3	4	9
8	3	9	2	4	1	6	5	7

135

1	7	6	4	8	3	2	9	5
8	5	3	6	9	2	7	1	4
4	9	2	5	7	1	6	3	8
3	1	7	2	6	8	4	5	9
2	6	5	9	3	4	8	7	1
9	4	8	7	1	5	3	2	6
6	3	1	8	2	9	5	4	7
7	2	4	1	5	6	9	8	3
5	8	9	3	4	7	1	6	2

136

9	7	8	3	1	5	6	4	2
5	4	2	7	8	6	9	1	3
6	3	1	9	4	2	5	8	7
8	2	9	4	5	7	3	6	1
3	1	4	6	2	9	7	5	8
7	5	6	1	3	8	4	2	9
2	9	7	5	6	1	8	3	4
4	8	5	2	7	3	1	9	6
1	6	3	8	9	4	2	7	5

137

3	2	7	5	8	1	6	9	4
4	6	5	3	2	9	8	1	7
1	9	8	6	4	7	3	2	5
6	5	1	2	9	3	4	7	8
9	8	2	4	7	5	1	3	6
7	3	4	1	6	8	2	5	9
2	1	9	8	5	6	7	4	3
5	4	6	7	3	2	9	8	1
8	7	3	9	1	4	5	6	2

138

7	3	5	4	9	8	1	6	2
4	8	1	5	6	2	9	7	3
9	6	2	3	1	7	5	4	8
8	7	4	9	2	5	6	3	1
5	9	3	6	7	1	8	2	4
2	1	6	8	4	3	7	9	5
1	5	7	2	3	9	4	8	6
6	2	8	7	5	4	3	1	9
3	4	9	1	8	6	2	5	7

139

8	6	5	9	2	7	3	1	4
3	9	4	5	1	8	2	6	7
7	1	2	6	3	4	5	8	9
2	7	6	4	5	3	1	9	8
1	5	9	8	7	6	4	3	2
4	3	8	1	9	2	6	7	5
5	8	7	2	6	1	9	4	3
6	2	3	7	4	9	8	5	1
9	4	1	3	8	5	7	2	6

140

9	4	7	6	5	3	2	8	1
2	1	5	9	8	4	6	7	3
3	6	8	7	1	2	9	5	4
4	5	9	3	6	8	7	1	2
7	8	3	4	2	1	5	9	6
1	2	6	5	7	9	4	3	8
6	3	2	1	9	5	8	4	7
5	7	1	8	4	6	3	2	9
8	9	4	2	3	7	1	6	5

141

2	5	1	4	6	3	7	9	8
9	4	6	5	8	7	2	3	1
8	3	7	1	9	2	4	5	6
3	7	8	9	5	1	6	4	2
6	1	9	2	3	4	5	8	7
4	2	5	6	7	8	9	1	3
7	8	2	3	4	5	1	6	9
5	6	3	7	1	9	8	2	4
1	9	4	8	2	6	3	7	5

142

8	7	9	3	4	2	6	5	1
5	3	6	1	7	9	8	2	4
4	1	2	8	5	6	9	3	7
9	4	1	6	2	3	5	7	8
2	6	7	5	9	8	1	4	3
3	8	5	7	1	4	2	9	6
6	2	4	9	8	7	3	1	5
7	5	3	2	6	1	4	8	9
1	9	8	4	3	5	7	6	2

143

7	8	2	4	3	5	6	1	9
9	1	6	2	7	8	4	5	3
3	4	5	9	6	1	8	2	7
4	2	7	1	8	9	5	3	6
5	6	9	3	2	4	1	7	8
1	3	8	6	5	7	9	4	2
2	9	3	5	1	6	7	8	4
6	7	1	8	4	2	3	9	5
8	5	4	7	9	3	2	6	1

144

1	9	5	8	7	3	4	2	6
7	2	8	6	1	4	9	3	5
4	6	3	9	2	5	1	8	7
5	8	1	2	4	9	6	7	3
3	7	9	5	8	6	2	1	4
2	4	6	1	3	7	5	9	8
9	3	2	4	6	8	7	5	1
8	1	4	7	5	2	3	6	9
6	5	7	3	9	1	8	4	2

145

3	7	8	1	2	9	6	4	5
5	9	6	3	8	4	1	2	7
4	2	1	6	7	5	9	3	8
1	4	7	2	5	3	8	9	6
6	3	2	8	9	7	5	1	4
8	5	9	4	1	6	2	7	3
7	6	5	9	4	2	3	8	1
2	8	4	5	3	1	7	6	9
9	1	3	7	6	8	4	5	2

146

2	9	1	6	7	5	3	4	8
6	5	4	1	3	8	9	2	7
3	8	7	2	9	4	5	6	1
8	3	9	5	2	6	7	1	4
7	1	6	9	4	3	2	8	5
5	4	2	8	1	7	6	3	9
1	7	3	4	5	2	8	9	6
9	6	5	3	8	1	4	7	2
4	2	8	7	6	9	1	5	3

147

9	6	3	8	7	2	4	1	5
5	7	2	1	4	9	6	3	8
1	8	4	5	6	3	2	9	7
8	4	9	2	5	7	3	6	1
2	1	5	6	3	8	9	7	4
7	3	6	9	1	4	8	5	2
4	9	1	7	8	6	5	2	3
6	5	8	3	2	1	7	4	9
3	2	7	4	9	5	1	8	6

148

3	6	2	7	4	5	1	8	9
9	7	4	2	1	8	5	3	6
1	5	8	3	6	9	4	7	2
7	1	9	6	5	2	8	4	3
2	4	6	1	8	3	7	9	5
5	8	3	4	9	7	6	2	1
6	9	1	8	3	4	2	5	7
8	2	5	9	7	1	3	6	4
4	3	7	5	2	6	9	1	8

149

7	4	8	5	2	1	3	9	6
3	5	6	4	8	9	7	2	1
9	2	1	7	6	3	4	5	8
4	1	5	3	9	7	6	8	2
2	9	7	8	5	6	1	4	3
6	8	3	1	4	2	9	7	5
5	7	4	6	1	8	2	3	9
1	3	9	2	7	5	8	6	4
8	6	2	9	3	4	5	1	7

150

7	6	3	9	2	4	1	5	8
4	2	5	8	7	1	6	3	9
9	1	8	3	6	5	2	7	4
1	3	4	7	8	6	5	9	2
6	8	9	4	5	2	3	1	7
2	5	7	1	3	9	8	4	6
5	9	6	2	4	3	7	8	1
8	4	2	5	1	7	9	6	3
3	7	1	6	9	8	4	2	5

151

3	8	7	5	4	6	2	9	1
1	4	2	9	8	3	5	7	6
6	9	5	2	7	1	3	4	8
5	7	1	8	6	4	9	2	3
9	6	3	1	2	5	4	8	7
4	2	8	3	9	7	1	6	5
7	5	4	6	3	9	8	1	2
8	3	6	4	1	2	7	5	9
2	1	9	7	5	8	6	3	4

152

9	8	4	1	3	6	7	2	5
5	3	1	8	2	7	6	9	4
6	7	2	5	9	4	8	1	3
8	4	5	9	1	2	3	6	7
3	1	7	6	8	5	9	4	2
2	6	9	4	7	3	5	8	1
1	5	8	3	4	9	2	7	6
7	9	3	2	6	1	4	5	8
4	2	6	7	5	8	1	3	9

153

8	6	5	9	2	7	1	4	3
9	3	7	4	5	1	8	2	6
2	4	1	8	6	3	9	7	5
5	8	2	7	4	9	6	3	1
4	9	3	6	1	5	2	8	7
7	1	6	3	8	2	5	9	4
6	7	4	1	9	8	3	5	2
3	2	9	5	7	6	4	1	8
1	5	8	2	3	4	7	6	9

154

6	2	7	9	1	5	8	3	4
9	3	1	8	4	7	6	2	5
5	8	4	2	6	3	7	9	1
7	1	8	3	9	2	4	5	6
3	4	9	6	5	1	2	8	7
2	6	5	7	8	4	3	1	9
8	9	2	1	7	6	5	4	3
4	7	3	5	2	9	1	6	8
1	5	6	4	3	8	9	7	2

155

9	1	4	8	7	6	3	5	2
5	8	3	9	1	2	4	7	6
6	2	7	5	4	3	8	1	9
1	3	9	2	8	5	6	4	7
2	4	5	7	6	1	9	8	3
7	6	8	4	3	9	5	2	1
4	7	2	3	9	8	1	6	5
8	9	6	1	5	7	2	3	4
3	5	1	6	2	4	7	9	8

156

9	6	8	1	5	7	2	3	4
1	3	5	4	2	8	6	7	9
4	7	2	3	6	9	1	8	5
7	1	9	6	4	3	8	5	2
3	5	4	2	8	1	7	9	6
2	8	6	7	9	5	3	4	1
5	9	7	8	1	6	4	2	3
6	2	3	5	7	4	9	1	8
8	4	1	9	3	2	5	6	7

157

7	1	3	5	6	8	2	9	4
5	2	4	3	7	9	8	6	1
8	9	6	2	4	1	5	3	7
2	4	7	8	9	3	6	1	5
9	3	5	6	1	4	7	2	8
6	8	1	7	2	5	9	4	3
4	6	2	1	5	7	3	8	9
1	5	8	9	3	6	4	7	2
3	7	9	4	8	2	1	5	6

158

8	4	5	2	9	7	6	3	1
3	2	6	4	8	1	7	5	9
9	7	1	3	5	6	4	8	2
1	9	7	6	3	4	8	2	5
4	6	8	5	2	9	1	7	3
5	3	2	1	7	8	9	4	6
6	5	4	8	1	3	2	9	7
7	8	3	9	6	2	5	1	4
2	1	9	7	4	5	3	6	8

159

2	4	9	6	8	1	5	3	7
7	1	6	5	9	3	8	2	4
8	5	3	4	7	2	9	6	1
3	6	2	7	1	5	4	8	9
1	9	8	2	3	4	6	7	5
5	7	4	8	6	9	3	1	2
6	8	1	9	4	7	2	5	3
9	3	5	1	2	6	7	4	8
4	2	7	3	5	8	1	9	6

160

9	6	1	7	8	5	3	4	2
5	8	4	3	9	2	7	1	6
3	2	7	4	1	6	9	5	8
1	4	8	6	5	7	2	3	9
6	9	5	2	3	1	8	7	4
2	7	3	8	4	9	1	6	5
8	5	2	1	7	4	6	9	3
4	1	6	9	2	3	5	8	7
7	3	9	5	6	8	4	2	1

161

4	5	7	6	2	8	3	1	9
2	6	9	3	1	4	7	5	8
1	3	8	7	9	5	6	4	2
7	4	1	8	3	2	9	6	5
9	8	6	4	5	1	2	7	3
3	2	5	9	7	6	4	8	1
6	1	3	5	4	9	8	2	7
5	9	4	2	8	7	1	3	6
8	7	2	1	6	3	5	9	4

162

3	8	7	4	5	6	9	2	1
4	1	9	8	2	3	6	5	7
6	2	5	1	7	9	4	8	3
5	6	8	2	1	7	3	9	4
9	7	4	5	3	8	1	6	2
2	3	1	9	6	4	5	7	8
1	9	2	3	8	5	7	4	6
8	5	6	7	4	1	2	3	9
7	4	3	6	9	2	8	1	5

163

1	2	5	9	8	3	4	6	7
3	6	8	4	7	2	9	5	1
9	7	4	1	5	6	2	3	8
2	5	6	3	4	8	7	1	9
8	3	7	5	9	1	6	4	2
4	1	9	2	6	7	5	8	3
7	8	1	6	2	4	3	9	5
6	9	3	7	1	5	8	2	4
5	4	2	8	3	9	1	7	6

164

3	1	8	4	5	9	7	6	2
7	2	5	1	8	6	3	9	4
6	4	9	7	2	3	1	8	5
4	7	1	5	9	2	8	3	6
9	3	6	8	4	1	5	2	7
8	5	2	3	6	7	4	1	9
5	9	3	6	7	8	2	4	1
2	8	7	9	1	4	6	5	3
1	6	4	2	3	5	9	7	8

165

4	2	7	6	9	5	1	8	3
3	9	8	1	4	7	5	2	6
1	5	6	8	3	2	9	4	7
7	3	5	9	2	8	4	6	1
2	6	4	5	1	3	7	9	8
9	8	1	4	7	6	3	5	2
8	7	3	2	5	4	6	1	9
5	1	2	7	6	9	8	3	4
6	4	9	3	8	1	2	7	5

166

6	4	5	2	8	9	3	7	1
1	7	2	6	3	5	8	9	4
8	9	3	1	4	7	6	2	5
7	2	6	9	1	3	5	4	8
3	5	8	4	7	2	1	6	9
9	1	4	8	5	6	2	3	7
5	6	7	3	9	1	4	8	2
2	8	1	7	6	4	9	5	3
4	3	9	5	2	8	7	1	6

167

9	8	2	1	3	4	7	6	5
1	4	6	7	2	5	3	9	8
7	5	3	6	8	9	4	1	2
5	6	4	2	9	1	8	7	3
3	1	8	5	6	7	2	4	9
2	7	9	3	4	8	6	5	1
8	9	1	4	7	3	5	2	6
6	3	7	9	5	2	1	8	4
4	2	5	8	1	6	9	3	7

168

9	4	6	3	8	7	5	2	1
1	7	5	2	6	9	8	3	4
2	3	8	1	4	5	9	6	7
7	8	4	9	2	6	3	1	5
5	1	9	7	3	4	2	8	6
3	6	2	5	1	8	4	7	9
8	9	7	6	5	3	1	4	2
6	2	3	4	9	1	7	5	8
4	5	1	8	7	2	6	9	3

169

9	7	6	8	5	1	3	2	4
4	8	5	6	2	3	1	7	9
3	1	2	9	7	4	6	8	5
6	4	9	7	1	2	5	3	8
8	3	1	4	6	5	7	9	2
2	5	7	3	9	8	4	1	6
5	9	3	1	8	6	2	4	7
7	6	4	2	3	9	8	5	1
1	2	8	5	4	7	9	6	3

170

3	1	4	2	7	8	9	5	6
9	8	6	4	5	3	2	7	1
2	5	7	6	9	1	4	8	3
1	7	9	5	6	2	3	4	8
5	6	3	8	1	4	7	2	9
8	4	2	7	3	9	6	1	5
4	9	1	3	2	5	8	6	7
6	2	5	9	8	7	1	3	4
7	3	8	1	4	6	5	9	2

171

7	3	1	4	9	8	5	2	6
5	8	4	7	2	6	3	1	9
6	2	9	1	5	3	4	7	8
8	4	7	9	3	1	2	6	5
9	5	2	6	8	7	1	4	3
3	1	6	2	4	5	8	9	7
2	6	5	8	7	4	9	3	1
4	7	3	5	1	9	6	8	2
1	9	8	3	6	2	7	5	4

172

4	1	3	6	5	9	8	7	2
2	7	5	8	4	1	9	6	3
6	8	9	2	3	7	4	5	1
1	5	8	7	9	2	6	3	4
7	3	6	1	8	4	5	2	9
9	4	2	3	6	5	1	8	7
5	2	7	4	1	6	3	9	8
8	9	4	5	2	3	7	1	6
3	6	1	9	7	8	2	4	5

173

3	6	7	8	9	5	1	2	4
8	9	2	7	1	4	6	3	5
4	5	1	2	3	6	7	9	8
7	1	6	4	8	2	9	5	3
9	4	5	1	6	3	8	7	2
2	3	8	9	5	7	4	1	6
5	2	4	6	7	1	3	8	9
6	7	9	3	2	8	5	4	1
1	8	3	5	4	9	2	6	7

174

1	9	4	2	3	6	8	5	7
7	2	8	9	5	1	3	6	4
5	3	6	8	4	7	1	9	2
3	4	7	5	8	2	9	1	6
2	6	9	4	1	3	7	8	5
8	5	1	6	7	9	2	4	3
4	1	2	3	6	8	5	7	9
6	7	3	1	9	5	4	2	8
9	8	5	7	2	4	6	3	1

175

7	6	2	9	4	5	1	8	3
4	3	8	7	2	1	6	5	9
9	1	5	3	6	8	7	2	4
5	2	4	1	3	7	8	9	6
8	7	6	5	9	4	2	3	1
1	9	3	2	8	6	5	4	7
2	5	9	6	7	3	4	1	8
3	4	7	8	1	2	9	6	5
6	8	1	4	5	9	3	7	2

176

1	8	7	4	3	6	9	2	5
4	3	2	9	8	5	7	6	1
9	6	5	2	7	1	4	8	3
8	5	6	3	2	4	1	7	9
7	2	4	6	1	9	5	3	8
3	1	9	8	5	7	6	4	2
2	9	1	7	6	3	8	5	4
6	4	8	5	9	2	3	1	7
5	7	3	1	4	8	2	9	6

177

1	5	4	9	3	6	8	7	2
6	9	3	2	8	7	5	4	1
8	7	2	5	1	4	6	3	9
9	8	6	4	2	1	3	5	7
3	2	7	8	9	5	1	6	4
5	4	1	7	6	3	9	2	8
2	1	5	6	4	9	7	8	3
4	6	9	3	7	8	2	1	5
7	3	8	1	5	2	4	9	6

178

1	3	2	5	6	4	7	8	9
7	5	9	8	1	3	2	4	6
4	8	6	7	2	9	5	3	1
6	4	7	9	8	2	1	5	3
8	2	3	1	7	5	9	6	4
5	9	1	4	3	6	8	2	7
9	6	8	3	5	7	4	1	2
3	7	5	2	4	1	6	9	8
2	1	4	6	9	8	3	7	5

179

1	7	5	2	8	6	4	9	3
4	6	9	1	7	3	5	2	8
2	3	8	5	4	9	6	7	1
3	5	6	8	2	4	7	1	9
8	9	4	7	6	1	2	3	5
7	2	1	9	3	5	8	4	6
9	8	3	4	5	2	1	6	7
5	1	2	6	9	7	3	8	4
6	4	7	3	1	8	9	5	2

180

2	6	5	7	9	1	8	4	3
8	9	7	4	6	3	5	2	1
1	3	4	8	2	5	7	9	6
9	1	6	3	5	8	2	7	4
4	8	2	9	7	6	3	1	5
7	5	3	2	1	4	6	8	9
6	4	8	1	3	7	9	5	2
5	7	9	6	4	2	1	3	8
3	2	1	5	8	9	4	6	7

181

9	1	7	6	3	8	4	5	2
8	3	2	1	5	4	6	9	7
4	5	6	2	9	7	1	8	3
3	6	9	4	2	1	5	7	8
2	4	8	5	7	6	3	1	9
1	7	5	9	8	3	2	6	4
5	2	4	8	1	9	7	3	6
6	9	3	7	4	5	8	2	1
7	8	1	3	6	2	9	4	5

182

8	3	4	1	5	9	2	6	7
1	6	2	4	7	8	9	3	5
5	9	7	6	2	3	8	4	1
7	2	1	3	9	4	6	5	8
9	5	6	2	8	7	4	1	3
3	4	8	5	6	1	7	2	9
6	1	9	7	3	2	5	8	4
2	8	3	9	4	5	1	7	6
4	7	5	8	1	6	3	9	2

183

6	8	2	5	1	4	7	3	9
3	9	5	7	6	8	4	1	2
7	1	4	9	3	2	8	6	5
2	5	6	3	7	9	1	8	4
4	7	8	1	2	6	9	5	3
9	3	1	4	8	5	2	7	6
1	6	3	2	4	7	5	9	8
5	2	7	8	9	3	6	4	1
8	4	9	6	5	1	3	2	7

184

9	4	5	2	3	8	1	7	6
3	1	7	4	9	6	8	5	2
2	6	8	7	1	5	4	3	9
8	3	1	9	7	2	5	6	4
4	7	6	3	5	1	9	2	8
5	2	9	8	6	4	3	1	7
7	5	4	1	2	9	6	8	3
6	8	2	5	4	3	7	9	1
1	9	3	6	8	7	2	4	5

185

8	6	5	1	3	9	7	4	2
3	1	7	2	8	4	9	6	5
9	2	4	7	5	6	8	3	1
5	9	8	4	7	3	2	1	6
2	4	6	5	9	1	3	7	8
7	3	1	8	6	2	5	9	4
4	5	9	6	2	7	1	8	3
1	8	3	9	4	5	6	2	7
6	7	2	3	1	8	4	5	9

186

3	6	8	9	5	7	1	2	4
4	9	5	8	1	2	3	7	6
7	2	1	4	3	6	9	5	8
2	4	9	7	8	3	6	1	5
5	8	3	1	6	4	2	9	7
1	7	6	2	9	5	8	4	3
6	5	7	3	2	1	4	8	9
9	1	4	6	7	8	5	3	2
8	3	2	5	4	9	7	6	1

187

3	8	2	6	5	1	4	7	9
7	9	5	3	8	4	1	2	6
4	1	6	9	2	7	8	3	5
6	2	9	1	7	5	3	4	8
1	7	4	8	6	3	9	5	2
8	5	3	4	9	2	7	6	1
9	3	8	2	4	6	5	1	7
5	6	1	7	3	8	2	9	4
2	4	7	5	1	9	6	8	3

188

1	3	6	7	8	4	2	9	5
7	8	9	3	2	5	6	4	1
4	2	5	6	1	9	3	8	7
8	1	3	4	9	7	5	2	6
5	9	4	2	6	3	7	1	8
6	7	2	8	5	1	4	3	9
3	6	7	9	4	8	1	5	2
9	4	1	5	7	2	8	6	3
2	5	8	1	3	6	9	7	4

189

7	5	8	9	3	6	2	1	4
4	3	9	1	7	2	8	5	6
6	1	2	8	5	4	7	3	9
1	7	6	2	8	5	9	4	3
8	2	4	3	6	9	5	7	1
3	9	5	7	4	1	6	8	2
5	4	7	6	2	3	1	9	8
9	6	3	5	1	8	4	2	7
2	8	1	4	9	7	3	6	5

190

4	6	9	1	8	7	3	5	2
1	2	7	6	3	5	8	9	4
8	3	5	9	4	2	7	1	6
2	8	3	4	6	1	9	7	5
5	4	1	7	9	8	2	6	3
9	7	6	2	5	3	4	8	1
6	1	2	3	7	9	5	4	8
7	5	4	8	2	6	1	3	9
3	9	8	5	1	4	6	2	7

191

4	8	5	3	1	9	7	2	6
6	1	3	8	2	7	5	4	9
7	9	2	6	5	4	8	3	1
2	5	8	9	4	3	1	6	7
1	3	6	5	7	2	9	8	4
9	7	4	1	6	8	3	5	2
8	6	7	2	9	5	4	1	3
3	4	1	7	8	6	2	9	5
5	2	9	4	3	1	6	7	8

192

7	5	4	3	2	8	9	6	1
1	2	3	7	9	6	8	4	5
8	9	6	4	1	5	2	3	7
4	6	1	8	7	9	5	2	3
2	7	8	6	5	3	4	1	9
5	3	9	1	4	2	7	8	6
3	1	5	9	8	4	6	7	2
6	8	2	5	3	7	1	9	4
9	4	7	2	6	1	3	5	8

193

8	9	5	7	4	1	3	6	2
3	7	2	5	8	6	9	1	4
1	6	4	3	9	2	5	7	8
4	2	7	6	3	9	8	5	1
6	5	3	8	1	7	4	2	9
9	8	1	2	5	4	7	3	6
7	3	6	9	2	8	1	4	5
5	1	8	4	6	3	2	9	7
2	4	9	1	7	5	6	8	3

194

5	4	8	3	1	2	9	7	6
1	3	2	9	6	7	5	4	8
6	7	9	8	5	4	2	1	3
4	2	3	5	9	8	7	6	1
7	6	5	4	3	1	8	9	2
9	8	1	2	7	6	3	5	4
3	1	4	7	8	5	6	2	9
2	9	7	6	4	3	1	8	5
8	5	6	1	2	9	4	3	7

195

6	7	1	5	3	8	4	9	2
5	4	3	2	9	7	6	1	8
9	2	8	6	1	4	7	5	3
2	3	5	1	7	6	9	8	4
1	8	7	4	2	9	5	3	6
4	6	9	8	5	3	1	2	7
8	9	2	7	4	5	3	6	1
3	1	4	9	6	2	8	7	5
7	5	6	3	8	1	2	4	9

196

6	9	4	5	8	2	1	3	7
7	1	2	9	6	3	5	8	4
8	5	3	4	1	7	9	2	6
3	6	7	2	4	9	8	1	5
1	4	8	6	3	5	7	9	2
5	2	9	8	7	1	6	4	3
2	3	6	7	9	8	4	5	1
4	8	5	1	2	6	3	7	9
9	7	1	3	5	4	2	6	8

197

2	5	7	6	3	1	8	9	4
1	6	4	7	9	8	5	2	3
8	3	9	5	2	4	6	1	7
5	7	1	3	4	9	2	8	6
3	8	6	2	1	7	4	5	9
9	4	2	8	6	5	3	7	1
6	1	5	9	8	3	7	4	2
7	9	3	4	5	2	1	6	8
4	2	8	1	7	6	9	3	5

198

8	1	3	5	7	2	9	6	4
4	7	2	6	3	9	5	8	1
9	6	5	8	1	4	2	3	7
3	4	6	7	9	1	8	2	5
1	9	7	2	5	8	3	4	6
2	5	8	4	6	3	1	7	9
6	2	9	3	4	5	7	1	8
7	3	1	9	8	6	4	5	2
5	8	4	1	2	7	6	9	3

199

1	4	9	3	6	7	2	5	8
2	7	5	1	8	4	6	3	9
3	8	6	5	2	9	4	1	7
6	5	8	9	1	2	7	4	3
9	2	4	7	3	5	8	6	1
7	1	3	6	4	8	9	2	5
8	9	2	4	5	1	3	7	6
5	3	7	2	9	6	1	8	4
4	6	1	8	7	3	5	9	2

200

5	6	8	2	9	4	3	7	1
4	9	3	1	6	7	2	8	5
7	2	1	5	8	3	6	9	4
1	4	6	8	3	5	7	2	9
9	5	7	6	4	2	8	1	3
8	3	2	7	1	9	5	4	6
3	7	9	4	2	6	1	5	8
2	1	4	3	5	8	9	6	7
6	8	5	9	7	1	4	3	2

201

2	1	9	3	6	8	5	4	7
6	7	5	9	2	4	8	1	3
3	4	8	5	7	1	9	2	6
5	3	6	8	4	2	1	7	9
7	2	1	6	9	3	4	8	5
8	9	4	1	5	7	3	6	2
1	8	7	2	3	9	6	5	4
4	6	3	7	1	5	2	9	8
9	5	2	4	8	6	7	3	1

202

3	5	9	1	6	4	8	2	7
2	1	6	8	5	7	4	3	9
4	7	8	9	2	3	5	1	6
9	2	3	5	8	1	6	7	4
1	6	5	4	7	2	9	8	3
8	4	7	3	9	6	1	5	2
6	3	4	7	1	5	2	9	8
7	9	1	2	4	8	3	6	5
5	8	2	6	3	9	7	4	1

203

7	9	5	2	6	8	3	4	1
6	2	1	4	3	7	9	8	5
3	4	8	1	9	5	6	7	2
4	5	2	6	1	3	8	9	7
8	1	3	7	5	9	2	6	4
9	6	7	8	4	2	5	1	3
1	3	6	9	2	4	7	5	8
2	8	9	5	7	1	4	3	6
5	7	4	3	8	6	1	2	9

204

7	3	5	8	2	9	6	4	1
1	9	8	6	7	4	2	3	5
2	4	6	1	5	3	7	8	9
4	5	3	7	1	6	8	9	2
8	7	9	5	4	2	1	6	3
6	2	1	9	3	8	4	5	7
3	1	4	2	8	5	9	7	6
9	8	7	3	6	1	5	2	4
5	6	2	4	9	7	3	1	8

205

1	7	6	2	5	8	9	3	4
8	2	3	4	7	9	1	5	6
5	9	4	6	3	1	2	8	7
3	6	5	1	8	4	7	2	9
7	8	1	5	9	2	4	6	3
2	4	9	7	6	3	8	1	5
4	3	8	9	1	5	6	7	2
6	5	2	8	4	7	3	9	1
9	1	7	3	2	6	5	4	8

206

6	2	9	1	8	5	7	4	3
7	3	5	4	2	6	9	8	1
4	8	1	3	9	7	6	5	2
3	7	8	6	4	2	5	1	9
1	6	4	8	5	9	3	2	7
9	5	2	7	1	3	4	6	8
8	1	3	9	6	4	2	7	5
5	4	7	2	3	1	8	9	6
2	9	6	5	7	8	1	3	4

207

5	8	7	4	6	1	2	9	3
2	1	4	9	7	3	8	5	6
9	3	6	2	8	5	7	1	4
8	6	3	1	4	9	5	2	7
4	9	5	8	2	7	6	3	1
1	7	2	3	5	6	9	4	8
6	2	8	5	1	4	3	7	9
7	4	9	6	3	2	1	8	5
3	5	1	7	9	8	4	6	2

208

5	7	3	2	1	6	4	8	9
2	1	9	4	8	3	7	6	5
6	8	4	9	7	5	1	3	2
4	5	7	6	2	1	3	9	8
3	9	2	8	5	7	6	1	4
1	6	8	3	9	4	2	5	7
8	4	6	7	3	9	5	2	1
7	2	1	5	6	8	9	4	3
9	3	5	1	4	2	8	7	6

209

2	7	1	9	5	8	6	3	4
8	6	3	1	4	2	7	5	9
5	4	9	3	6	7	8	1	2
4	5	7	2	1	6	3	9	8
3	1	6	5	8	9	4	2	7
9	2	8	7	3	4	5	6	1
7	9	4	6	2	3	1	8	5
6	8	5	4	9	1	2	7	3
1	3	2	8	7	5	9	4	6

210

7	9	6	3	5	2	1	8	4
8	3	2	1	9	4	6	5	7
4	1	5	7	8	6	3	9	2
1	8	3	9	4	7	5	2	6
5	7	9	6	2	3	4	1	8
2	6	4	5	1	8	9	7	3
9	4	7	8	6	1	2	3	5
6	5	8	2	3	9	7	4	1
3	2	1	4	7	5	8	6	9

211

5	2	1	7	3	9	8	4	6
9	6	8	4	5	2	3	7	1
4	7	3	1	6	8	5	9	2
7	8	5	6	1	4	2	3	9
2	1	4	9	8	3	7	6	5
3	9	6	5	2	7	4	1	8
1	4	9	8	7	5	6	2	3
6	5	2	3	4	1	9	8	7
8	3	7	2	9	6	1	5	4

212

9	2	8	4	3	7	6	5	1
7	1	3	8	6	5	2	4	9
4	5	6	9	2	1	7	8	3
2	6	1	7	4	3	8	9	5
3	7	9	2	5	8	1	6	4
8	4	5	6	1	9	3	7	2
5	8	7	1	9	2	4	3	6
1	9	4	3	7	6	5	2	8
6	3	2	5	8	4	9	1	7

213

1	2	3	5	4	6	7	9	8
7	6	9	1	2	8	4	5	3
5	8	4	7	9	3	1	2	6
4	3	6	9	7	2	5	8	1
2	9	1	6	8	5	3	7	4
8	5	7	4	3	1	2	6	9
3	1	5	2	6	9	8	4	7
6	4	2	8	1	7	9	3	5
9	7	8	3	5	4	6	1	2

214

7	2	8	1	4	5	3	9	6
9	6	5	7	8	3	4	2	1
3	4	1	9	6	2	7	5	8
6	1	9	3	2	4	8	7	5
8	5	2	6	9	7	1	4	3
4	7	3	5	1	8	9	6	2
1	9	4	8	5	6	2	3	7
2	3	6	4	7	1	5	8	9
5	8	7	2	3	9	6	1	4

215

6	1	5	3	8	7	2	9	4
4	9	3	2	1	6	5	7	8
7	2	8	4	5	9	3	6	1
5	3	6	8	9	2	1	4	7
8	4	2	1	7	5	6	3	9
9	7	1	6	4	3	8	2	5
3	5	7	9	2	1	4	8	6
1	6	4	7	3	8	9	5	2
2	8	9	5	6	4	7	1	3

216

6	5	1	2	9	7	8	3	4
2	9	7	8	3	4	5	1	6
3	4	8	6	5	1	9	2	7
9	6	4	1	7	3	2	5	8
7	1	3	5	2	8	4	6	9
5	8	2	4	6	9	1	7	3
4	7	6	9	1	5	3	8	2
8	2	5	3	4	6	7	9	1
1	3	9	7	8	2	6	4	5

217

3	6	9	8	1	2	5	7	4
8	5	2	9	7	4	6	1	3
7	1	4	6	3	5	8	9	2
2	8	3	7	5	9	4	6	1
4	7	1	2	6	8	3	5	9
5	9	6	3	4	1	7	2	8
6	2	7	4	9	3	1	8	5
1	4	8	5	2	6	9	3	7
9	3	5	1	8	7	2	4	6

218

5	1	8	7	2	4	3	9	6
3	6	2	9	1	8	4	5	7
9	4	7	3	5	6	2	1	8
6	9	1	8	4	2	7	3	5
2	8	3	1	7	5	6	4	9
7	5	4	6	3	9	8	2	1
8	3	9	2	6	1	5	7	4
4	2	6	5	9	7	1	8	3
1	7	5	4	8	3	9	6	2

219

9	8	4	1	6	7	2	3	5
3	2	6	9	4	5	1	7	8
5	7	1	8	2	3	4	9	6
7	6	8	5	9	2	3	1	4
4	9	3	7	1	8	6	5	2
1	5	2	4	3	6	7	8	9
8	3	7	2	5	4	9	6	1
6	4	9	3	8	1	5	2	7
2	1	5	6	7	9	8	4	3

220

8	5	9	6	1	2	4	3	7
7	2	3	8	5	4	1	6	9
1	6	4	3	7	9	5	2	8
9	8	6	1	4	7	3	5	2
3	7	5	2	6	8	9	1	4
2	4	1	5	9	3	7	8	6
4	3	2	9	8	1	6	7	5
6	1	7	4	2	5	8	9	3
5	9	8	7	3	6	2	4	1

221

1	5	6	9	8	2	7	4	3
2	9	4	5	7	3	8	6	1
7	8	3	1	4	6	5	9	2
8	3	5	7	1	9	4	2	6
9	7	2	3	6	4	1	8	5
4	6	1	8	2	5	9	3	7
5	4	9	2	3	1	6	7	8
3	1	8	6	9	7	2	5	4
6	2	7	4	5	8	3	1	9

222

4	7	3	6	8	2	5	9	1
8	6	5	1	9	7	3	2	4
2	1	9	4	5	3	6	7	8
9	3	4	5	1	8	2	6	7
6	2	8	9	7	4	1	3	5
7	5	1	3	2	6	8	4	9
5	4	2	8	3	9	7	1	6
1	9	7	2	6	5	4	8	3
3	8	6	7	4	1	9	5	2

223

4	3	6	7	2	9	5	1	8
2	8	5	3	1	4	9	7	6
7	9	1	6	8	5	3	4	2
8	1	7	5	3	2	4	6	9
3	4	2	8	9	6	1	5	7
5	6	9	4	7	1	8	2	3
9	5	4	2	6	3	7	8	1
1	2	8	9	4	7	6	3	5
6	7	3	1	5	8	2	9	4

224

5	4	1	3	6	7	2	9	8
9	7	2	8	5	4	3	1	6
8	6	3	9	1	2	7	4	5
1	9	5	6	7	3	4	8	2
6	3	8	4	2	1	9	5	7
4	2	7	5	9	8	1	6	3
2	5	6	1	3	9	8	7	4
3	8	9	7	4	5	6	2	1
7	1	4	2	8	6	5	3	9

225

3	4	2	5	6	1	9	7	8
6	5	8	2	9	7	3	1	4
9	1	7	4	3	8	6	2	5
7	9	5	6	4	3	2	8	1
1	6	3	7	8	2	4	5	9
8	2	4	1	5	9	7	3	6
5	3	1	9	7	6	8	4	2
2	8	6	3	1	4	5	9	7
4	7	9	8	2	5	1	6	3

226

8	2	3	7	1	4	6	9	5
6	9	5	3	8	2	1	7	4
1	4	7	9	6	5	8	2	3
9	5	1	6	3	8	7	4	2
7	6	8	2	4	9	5	3	1
4	3	2	5	7	1	9	8	6
5	1	9	4	2	7	3	6	8
3	7	4	8	5	6	2	1	9
2	8	6	1	9	3	4	5	7

227

9	2	8	7	1	3	4	6	5
1	7	5	6	2	4	3	8	9
3	6	4	5	8	9	1	7	2
6	5	1	4	9	7	2	3	8
8	4	3	2	5	6	7	9	1
7	9	2	8	3	1	6	5	4
2	3	6	9	4	8	5	1	7
5	1	9	3	7	2	8	4	6
4	8	7	1	6	5	9	2	3

228

2	4	7	8	1	6	5	3	9
9	8	5	3	2	7	6	1	4
3	1	6	4	9	5	2	8	7
8	6	3	1	4	2	9	7	5
1	7	2	5	3	9	8	4	6
5	9	4	7	6	8	3	2	1
7	5	9	2	8	1	4	6	3
4	2	1	6	5	3	7	9	8
6	3	8	9	7	4	1	5	2

229

3	1	8	7	9	5	2	4	6
5	9	4	2	1	6	8	3	7
7	2	6	8	4	3	5	9	1
8	3	1	5	6	4	7	2	9
2	6	9	1	3	7	4	5	8
4	5	7	9	8	2	6	1	3
9	8	2	6	5	1	3	7	4
6	4	5	3	7	9	1	8	2
1	7	3	4	2	8	9	6	5

230

7	6	9	5	8	2	4	1	3
2	4	1	3	6	9	5	7	8
5	8	3	4	1	7	6	9	2
8	9	5	1	4	6	2	3	7
4	7	2	9	3	5	1	8	6
3	1	6	2	7	8	9	5	4
6	5	7	8	9	4	3	2	1
1	2	4	7	5	3	8	6	9
9	3	8	6	2	1	7	4	5

231

9	7	3	5	4	6	2	8	1
1	4	6	2	8	3	7	5	9
2	5	8	1	9	7	3	6	4
4	1	7	6	2	8	5	9	3
8	3	9	4	1	5	6	2	7
5	6	2	7	3	9	1	4	8
3	2	4	8	5	1	9	7	6
7	8	1	9	6	2	4	3	5
6	9	5	3	7	4	8	1	2

232

4	2	5	3	1	7	8	6	9
8	7	9	6	5	2	1	3	4
1	3	6	8	4	9	5	2	7
3	8	7	5	6	1	9	4	2
2	5	1	9	7	4	6	8	3
6	9	4	2	3	8	7	5	1
7	1	3	4	8	5	2	9	6
5	6	2	1	9	3	4	7	8
9	4	8	7	2	6	3	1	5

233

9	1	4	7	3	8	2	5	6
6	5	8	2	4	1	9	7	3
3	2	7	9	5	6	4	8	1
5	7	3	6	1	4	8	9	2
8	4	9	3	7	2	1	6	5
2	6	1	5	8	9	3	4	7
1	3	6	8	9	5	7	2	4
7	9	2	4	6	3	5	1	8
4	8	5	1	2	7	6	3	9

234

4	5	1	9	2	8	6	3	7
7	3	2	6	4	1	8	5	9
8	6	9	3	7	5	1	4	2
5	4	8	1	6	9	2	7	3
6	1	3	2	5	7	4	9	8
2	9	7	8	3	4	5	6	1
3	7	6	4	1	2	9	8	5
1	8	4	5	9	3	7	2	6
9	2	5	7	8	6	3	1	4

235

3	2	4	1	8	6	7	9	5
7	1	8	4	5	9	3	6	2
9	5	6	3	2	7	4	1	8
6	8	1	2	7	4	5	3	9
2	4	9	5	1	3	6	8	7
5	3	7	9	6	8	1	2	4
1	7	2	6	9	5	8	4	3
4	6	5	8	3	2	9	7	1
8	9	3	7	4	1	2	5	6

236

8	7	4	3	2	5	9	6	1
9	6	3	1	8	7	2	5	4
5	1	2	6	9	4	8	3	7
1	3	5	8	7	9	4	2	6
2	9	6	4	5	3	1	7	8
7	4	8	2	1	6	5	9	3
4	8	7	5	6	2	3	1	9
3	5	9	7	4	1	6	8	2
6	2	1	9	3	8	7	4	5

237

2	1	8	6	7	5	4	9	3
6	3	4	8	9	2	1	7	5
9	7	5	4	1	3	2	8	6
8	2	3	9	5	6	7	4	1
7	5	1	3	8	4	6	2	9
4	6	9	7	2	1	3	5	8
1	8	6	2	4	9	5	3	7
3	9	2	5	6	7	8	1	4
5	4	7	1	3	8	9	6	2

238

3	1	6	7	5	9	8	2	4
4	7	8	6	3	2	5	9	1
5	2	9	1	4	8	6	7	3
7	9	3	8	2	1	4	6	5
8	5	2	4	6	7	1	3	9
6	4	1	5	9	3	2	8	7
1	8	5	3	7	6	9	4	2
2	6	7	9	1	4	3	5	8
9	3	4	2	8	5	7	1	6

239

6	2	8	5	9	3	1	4	7
5	7	9	8	1	4	2	6	3
4	3	1	2	6	7	8	9	5
1	9	3	6	8	2	7	5	4
7	6	5	3	4	1	9	8	2
8	4	2	7	5	9	3	1	6
9	5	7	1	2	6	4	3	8
2	8	4	9	3	5	6	7	1
3	1	6	4	7	8	5	2	9

240

1	6	9	8	4	5	3	7	2
8	2	4	3	7	1	9	6	5
3	7	5	6	9	2	8	4	1
9	4	8	5	1	6	2	3	7
7	1	6	4	2	3	5	8	9
2	5	3	9	8	7	6	1	4
5	8	2	7	3	4	1	9	6
4	3	1	2	6	9	7	5	8
6	9	7	1	5	8	4	2	3

241

3	9	5	7	2	1	4	8	6
2	8	4	5	6	9	1	7	3
1	6	7	8	3	4	5	2	9
5	2	9	3	1	7	8	6	4
8	1	3	2	4	6	7	9	5
4	7	6	9	5	8	3	1	2
6	3	1	4	8	2	9	5	7
9	5	8	6	7	3	2	4	1
7	4	2	1	9	5	6	3	8

242

2	4	3	8	7	9	5	6	1
9	5	8	6	1	4	2	7	3
7	6	1	3	5	2	4	9	8
1	7	4	9	2	6	3	8	5
5	3	6	1	4	8	7	2	9
8	9	2	5	3	7	6	1	4
3	1	7	2	8	5	9	4	6
4	8	9	7	6	3	1	5	2
6	2	5	4	9	1	8	3	7

243

2	9	8	6	7	5	1	4	3
1	4	7	3	2	9	6	8	5
6	5	3	1	8	4	9	7	2
4	3	9	7	1	8	5	2	6
7	2	6	4	5	3	8	1	9
5	8	1	9	6	2	7	3	4
9	6	4	8	3	1	2	5	7
8	7	2	5	4	6	3	9	1
3	1	5	2	9	7	4	6	8

244

5	3	9	6	4	1	7	2	8
7	6	8	2	9	5	1	4	3
1	4	2	3	7	8	9	6	5
3	8	4	5	2	7	6	1	9
2	1	6	8	3	9	5	7	4
9	5	7	4	1	6	3	8	2
8	7	3	1	5	4	2	9	6
6	9	5	7	8	2	4	3	1
4	2	1	9	6	3	8	5	7

245

1	7	5	6	4	2	3	9	8
8	2	3	9	1	5	4	6	7
9	4	6	8	7	3	1	5	2
5	9	2	7	3	4	6	8	1
3	1	4	2	8	6	9	7	5
7	6	8	1	5	9	2	3	4
6	5	1	4	9	7	8	2	3
2	8	7	3	6	1	5	4	9
4	3	9	5	2	8	7	1	6

246

8	1	6	3	7	5	9	2	4
5	7	2	4	8	9	6	1	3
3	4	9	1	6	2	8	7	5
6	3	8	7	5	4	2	9	1
4	2	7	8	9	1	5	3	6
9	5	1	2	3	6	7	4	8
2	9	5	6	1	3	4	8	7
1	8	4	5	2	7	3	6	9
7	6	3	9	4	8	1	5	2

247

5	4	6	9	3	8	7	2	1
3	1	7	2	6	5	9	8	4
9	8	2	4	1	7	6	5	3
1	6	3	8	7	9	5	4	2
4	2	9	1	5	3	8	6	7
8	7	5	6	4	2	1	3	9
6	9	4	3	8	1	2	7	5
7	3	1	5	2	6	4	9	8
2	5	8	7	9	4	3	1	6

248

9	3	2	8	1	6	4	5	7
8	7	6	3	4	5	2	9	1
5	4	1	9	7	2	6	3	8
7	5	8	4	2	9	1	6	3
2	6	3	7	8	1	9	4	5
4	1	9	5	6	3	8	7	2
3	8	5	2	9	4	7	1	6
1	2	4	6	3	7	5	8	9
6	9	7	1	5	8	3	2	4

249

4	1	6	7	3	9	2	5	8
7	5	3	8	2	4	6	9	1
8	9	2	5	1	6	4	3	7
2	3	7	6	8	1	5	4	9
6	4	1	2	9	5	7	8	3
9	8	5	4	7	3	1	2	6
3	6	8	1	4	2	9	7	5
1	7	4	9	5	8	3	6	2
5	2	9	3	6	7	8	1	4

250

7	5	9	6	8	1	4	2	3
1	8	2	3	5	4	7	6	9
3	4	6	9	2	7	5	8	1
5	3	4	1	7	6	2	9	8
9	1	8	2	3	5	6	7	4
2	6	7	4	9	8	3	1	5
4	2	3	8	6	9	1	5	7
8	7	1	5	4	2	9	3	6
6	9	5	7	1	3	8	4	2

251

3	6	1	7	5	9	8	4	2
2	9	7	1	8	4	6	5	3
4	5	8	2	3	6	1	9	7
5	7	4	9	1	3	2	6	8
6	3	9	4	2	8	7	1	5
1	8	2	5	6	7	4	3	9
8	1	6	3	7	5	9	2	4
7	4	5	6	9	2	3	8	1
9	2	3	8	4	1	5	7	6

252

5	2	7	9	4	6	8	3	1
8	9	3	5	1	2	4	6	7
6	4	1	3	7	8	9	2	5
4	8	2	7	5	1	6	9	3
1	6	9	2	8	3	5	7	4
7	3	5	4	6	9	2	1	8
3	7	6	8	9	4	1	5	2
9	5	4	1	2	7	3	8	6
2	1	8	6	3	5	7	4	9

253

1	7	4	5	2	6	3	9	8
8	5	9	3	7	4	2	6	1
2	3	6	9	8	1	4	5	7
7	8	2	4	6	5	9	1	3
5	4	1	7	9	3	6	8	2
6	9	3	2	1	8	7	4	5
9	1	5	6	3	7	8	2	4
3	2	8	1	4	9	5	7	6
4	6	7	8	5	2	1	3	9

254

9	6	4	1	3	2	5	8	7
2	3	8	6	7	5	4	9	1
5	1	7	4	8	9	3	6	2
1	8	6	7	9	4	2	3	5
3	7	5	2	1	8	6	4	9
4	2	9	3	5	6	1	7	8
8	4	3	5	2	7	9	1	6
7	5	1	9	6	3	8	2	4
6	9	2	8	4	1	7	5	3

255

9	4	5	3	8	2	7	1	6
1	7	8	9	4	6	3	5	2
6	3	2	5	7	1	9	8	4
7	6	1	2	5	9	4	3	8
8	2	3	7	6	4	5	9	1
4	5	9	1	3	8	6	2	7
3	8	6	4	2	5	1	7	9
2	1	7	6	9	3	8	4	5
5	9	4	8	1	7	2	6	3

256

9	4	3	6	1	5	7	2	8
2	8	1	3	7	9	4	6	5
5	6	7	4	2	8	1	9	3
6	5	8	2	3	4	9	1	7
7	2	9	5	8	1	6	3	4
3	1	4	9	6	7	5	8	2
8	3	5	7	9	6	2	4	1
1	7	6	8	4	2	3	5	9
4	9	2	1	5	3	8	7	6

257

5	6	4	2	8	9	7	1	3
9	7	1	5	6	3	4	8	2
3	2	8	1	4	7	5	6	9
1	4	9	3	5	6	8	2	7
7	5	3	9	2	8	1	4	6
2	8	6	4	7	1	3	9	5
6	3	7	8	9	4	2	5	1
4	1	2	6	3	5	9	7	8
8	9	5	7	1	2	6	3	4

258

6	9	7	5	3	4	8	1	2
8	4	3	2	1	7	6	5	9
5	2	1	8	6	9	4	3	7
3	7	5	6	2	8	1	9	4
4	6	8	1	9	3	2	7	5
9	1	2	4	7	5	3	8	6
1	5	9	3	4	2	7	6	8
2	8	6	7	5	1	9	4	3
7	3	4	9	8	6	5	2	1

259

7	1	8	5	3	9	4	2	6
3	2	6	4	7	1	9	5	8
9	4	5	8	2	6	1	7	3
8	6	4	2	1	7	3	9	5
1	7	3	9	8	5	6	4	2
5	9	2	3	6	4	7	8	1
4	8	9	6	5	3	2	1	7
2	3	7	1	9	8	5	6	4
6	5	1	7	4	2	8	3	9

260

7	9	3	2	4	6	8	1	5
4	8	1	5	7	9	2	6	3
2	6	5	3	1	8	9	7	4
3	5	6	9	2	4	7	8	1
1	4	7	6	8	3	5	2	9
8	2	9	7	5	1	4	3	6
5	3	2	4	6	7	1	9	8
9	1	4	8	3	2	6	5	7
6	7	8	1	9	5	3	4	2

261

2	4	5	7	8	9	6	1	3
7	6	1	3	5	2	8	9	4
3	8	9	6	1	4	5	7	2
9	7	3	2	6	5	4	8	1
8	1	2	4	9	7	3	6	5
6	5	4	1	3	8	9	2	7
5	2	7	8	4	6	1	3	9
1	9	6	5	2	3	7	4	8
4	3	8	9	7	1	2	5	6

262

4	3	2	1	8	5	9	6	7
7	1	9	2	3	6	4	5	8
6	5	8	9	7	4	3	2	1
1	7	6	4	5	9	2	8	3
8	9	5	3	2	7	1	4	6
2	4	3	8	6	1	5	7	9
3	6	1	7	4	2	8	9	5
9	2	7	5	1	8	6	3	4
5	8	4	6	9	3	7	1	2

263

6	9	8	7	5	1	4	3	2
2	7	1	4	8	3	6	9	5
3	4	5	6	9	2	1	8	7
8	6	4	3	2	7	5	1	9
5	2	7	8	1	9	3	6	4
1	3	9	5	6	4	7	2	8
4	8	2	1	7	6	9	5	3
7	5	6	9	3	8	2	4	1
9	1	3	2	4	5	8	7	6

264

4	5	6	9	3	8	1	2	7
1	7	9	5	2	4	8	3	6
2	3	8	1	7	6	4	5	9
7	6	2	4	1	9	3	8	5
5	1	3	6	8	2	7	9	4
8	9	4	7	5	3	6	1	2
9	2	7	8	4	1	5	6	3
3	8	5	2	6	7	9	4	1
6	4	1	3	9	5	2	7	8

265

8	1	6	5	4	9	7	3	2
4	2	9	7	6	3	1	5	8
7	3	5	1	2	8	9	6	4
5	7	8	3	9	4	6	2	1
6	9	3	8	1	2	5	4	7
1	4	2	6	5	7	8	9	3
3	5	7	4	8	6	2	1	9
2	8	1	9	3	5	4	7	6
9	6	4	2	7	1	3	8	5

266

7	1	4	8	9	3	2	6	5
2	6	9	1	5	4	8	7	3
5	8	3	6	7	2	9	4	1
1	3	6	4	8	9	7	5	2
9	7	8	5	2	6	1	3	4
4	2	5	3	1	7	6	9	8
6	5	2	7	3	1	4	8	9
8	4	1	9	6	5	3	2	7
3	9	7	2	4	8	5	1	6

267

5	2	4	1	8	7	6	3	9
9	1	3	6	4	5	8	2	7
8	7	6	9	3	2	5	1	4
6	9	7	4	2	1	3	5	8
1	4	8	5	7	3	9	6	2
3	5	2	8	6	9	4	7	1
4	6	1	2	5	8	7	9	3
7	8	9	3	1	6	2	4	5
2	3	5	7	9	4	1	8	6

268

5	4	8	1	2	9	6	3	7
7	2	1	3	6	5	8	4	9
9	3	6	8	7	4	2	1	5
3	5	9	6	8	1	7	2	4
6	8	4	2	9	7	1	5	3
2	1	7	4	5	3	9	8	6
1	9	2	5	4	6	3	7	8
8	7	5	9	3	2	4	6	1
4	6	3	7	1	8	5	9	2

269

8	3	7	9	4	1	5	2	6
4	2	9	6	5	8	3	1	7
6	5	1	3	2	7	9	4	8
7	9	6	2	1	3	4	8	5
2	1	4	5	8	9	7	6	3
3	8	5	7	6	4	2	9	1
5	4	3	8	9	6	1	7	2
9	7	8	1	3	2	6	5	4
1	6	2	4	7	5	8	3	9

270

6	9	7	5	1	2	4	8	3
3	8	2	4	9	7	6	1	5
1	4	5	6	3	8	2	7	9
9	1	3	2	7	5	8	4	6
2	7	4	8	6	3	5	9	1
5	6	8	1	4	9	7	3	2
4	5	9	3	8	6	1	2	7
8	3	6	7	2	1	9	5	4
7	2	1	9	5	4	3	6	8

271

6	8	4	3	9	5	7	2	1
7	2	1	8	4	6	5	3	9
5	9	3	7	2	1	6	4	8
9	6	8	2	7	3	4	1	5
4	3	7	5	1	9	2	8	6
2	1	5	6	8	4	3	9	7
3	5	9	1	6	2	8	7	4
8	4	2	9	5	7	1	6	3
1	7	6	4	3	8	9	5	2

272

3	2	5	1	8	4	9	6	7
9	4	6	3	7	2	1	8	5
1	7	8	9	5	6	4	3	2
7	5	1	2	6	8	3	4	9
4	8	3	7	1	9	5	2	6
2	6	9	4	3	5	8	7	1
8	9	7	6	4	1	2	5	3
6	1	4	5	2	3	7	9	8
5	3	2	8	9	7	6	1	4

273

7	1	5	6	4	2	3	8	9
9	2	4	8	1	3	6	7	5
6	8	3	7	5	9	1	4	2
2	4	6	3	7	8	5	9	1
1	5	7	4	9	6	2	3	8
8	3	9	1	2	5	7	6	4
3	9	2	5	6	4	8	1	7
4	7	8	2	3	1	9	5	6
5	6	1	9	8	7	4	2	3

274

5	1	9	4	2	8	7	3	6
6	2	8	9	7	3	1	5	4
3	7	4	6	1	5	9	8	2
7	3	1	2	5	6	8	4	9
8	6	5	1	4	9	3	2	7
9	4	2	8	3	7	6	1	5
1	8	6	5	9	2	4	7	3
2	9	7	3	8	4	5	6	1
4	5	3	7	6	1	2	9	8

275

4	7	8	6	2	9	5	3	1
9	6	2	3	1	5	7	8	4
3	5	1	4	7	8	2	6	9
6	3	7	5	8	4	9	1	2
1	4	5	9	6	2	8	7	3
2	8	9	1	3	7	4	5	6
5	2	6	7	4	1	3	9	8
7	1	4	8	9	3	6	2	5
8	9	3	2	5	6	1	4	7

276

8	7	5	3	1	4	2	6	9
6	3	1	9	8	2	4	7	5
9	4	2	5	7	6	8	3	1
7	8	3	6	5	1	9	4	2
5	2	4	8	3	9	7	1	6
1	6	9	2	4	7	5	8	3
2	1	7	4	9	3	6	5	8
4	9	8	1	6	5	3	2	7
3	5	6	7	2	8	1	9	4

277

3	4	7	5	9	6	8	1	2
5	6	9	2	8	1	7	4	3
1	8	2	7	4	3	9	6	5
8	1	4	9	5	7	3	2	6
6	2	5	8	3	4	1	7	9
9	7	3	1	6	2	4	5	8
7	5	6	3	1	8	2	9	4
2	9	8	4	7	5	6	3	1
4	3	1	6	2	9	5	8	7

278

9	3	5	1	8	7	6	4	2
1	4	8	2	6	5	7	9	3
7	2	6	3	9	4	1	5	8
5	1	9	8	7	6	2	3	4
2	8	3	5	4	1	9	7	6
4	6	7	9	2	3	5	8	1
8	7	1	4	5	2	3	6	9
3	5	4	6	1	9	8	2	7
6	9	2	7	3	8	4	1	5

279

3	4	9	2	1	5	6	8	7
2	7	5	8	4	6	9	3	1
6	1	8	3	9	7	5	2	4
4	6	2	1	7	8	3	9	5
8	9	3	6	5	4	1	7	2
1	5	7	9	3	2	8	4	6
7	8	4	5	6	3	2	1	9
9	3	6	7	2	1	4	5	8
5	2	1	4	8	9	7	6	3

280

1	8	6	2	7	9	5	4	3
9	5	2	3	6	4	8	7	1
3	7	4	8	5	1	6	2	9
5	4	9	7	1	3	2	6	8
2	1	7	6	8	5	9	3	4
6	3	8	4	9	2	7	1	5
7	9	3	1	2	8	4	5	6
8	2	1	5	4	6	3	9	7
4	6	5	9	3	7	1	8	2

281

7	3	9	4	6	5	2	8	1
2	8	5	1	7	3	4	6	9
4	1	6	8	9	2	7	5	3
5	4	1	2	8	6	9	3	7
8	7	2	5	3	9	1	4	6
6	9	3	7	4	1	8	2	5
9	5	4	3	2	7	6	1	8
1	2	7	6	5	8	3	9	4
3	6	8	9	1	4	5	7	2

282

6	2	4	1	3	7	9	5	8
7	8	3	9	4	5	1	6	2
9	5	1	6	8	2	4	3	7
8	6	2	5	1	3	7	4	9
4	3	9	7	6	8	5	2	1
5	1	7	4	2	9	3	8	6
1	7	6	8	5	4	2	9	3
3	4	8	2	9	1	6	7	5
2	9	5	3	7	6	8	1	4

283

2	3	1	9	8	5	6	4	7
8	9	7	6	3	4	5	1	2
4	6	5	2	7	1	3	8	9
3	8	9	1	5	6	7	2	4
1	2	4	7	9	3	8	5	6
5	7	6	8	4	2	9	3	1
9	5	2	4	6	8	1	7	3
6	1	3	5	2	7	4	9	8
7	4	8	3	1	9	2	6	5

284

3	1	5	4	7	9	2	8	6
4	7	8	3	2	6	9	5	1
2	9	6	8	5	1	4	3	7
9	8	7	2	4	3	6	1	5
6	5	4	1	9	7	3	2	8
1	2	3	5	6	8	7	9	4
5	6	1	7	3	2	8	4	9
8	3	9	6	1	4	5	7	2
7	4	2	9	8	5	1	6	3

285

1	3	2	7	8	9	4	5	6
5	8	9	2	4	6	3	7	1
4	6	7	1	3	5	2	8	9
2	5	4	9	7	1	6	3	8
8	7	6	5	2	3	9	1	4
3	9	1	4	6	8	5	2	7
6	1	8	3	5	4	7	9	2
9	2	5	6	1	7	8	4	3
7	4	3	8	9	2	1	6	5

286

6	9	7	5	4	8	3	2	1
8	4	1	7	3	2	6	5	9
3	2	5	6	1	9	4	8	7
7	1	8	9	2	3	5	6	4
5	3	2	4	6	1	7	9	8
9	6	4	8	5	7	1	3	2
1	5	3	2	9	4	8	7	6
2	7	6	1	8	5	9	4	3
4	8	9	3	7	6	2	1	5

287

7	8	9	1	5	3	4	6	2
2	3	4	6	8	7	5	1	9
5	1	6	9	2	4	7	8	3
4	2	1	7	3	8	9	5	6
9	5	7	2	1	6	8	3	4
8	6	3	4	9	5	1	2	7
3	9	2	5	7	1	6	4	8
6	7	5	8	4	2	3	9	1
1	4	8	3	6	9	2	7	5

288

6	4	3	7	2	8	5	9	1
1	9	8	3	5	4	2	6	7
2	7	5	1	9	6	8	4	3
4	8	9	6	1	5	7	3	2
7	5	2	4	3	9	1	8	6
3	6	1	2	8	7	4	5	9
9	2	7	5	4	3	6	1	8
5	3	6	8	7	1	9	2	4
8	1	4	9	6	2	3	7	5

289

2	6	5	9	1	7	8	3	4
4	8	7	3	6	2	5	1	9
3	9	1	5	8	4	2	7	6
1	7	3	8	9	6	4	5	2
5	4	6	2	7	1	3	9	8
8	2	9	4	3	5	1	6	7
9	5	8	6	4	3	7	2	1
7	3	4	1	2	9	6	8	5
6	1	2	7	5	8	9	4	3

290

3	9	6	4	2	1	7	8	5
5	2	7	8	3	9	1	6	4
4	1	8	7	5	6	9	2	3
8	3	4	5	6	7	2	1	9
7	6	2	1	9	3	5	4	8
9	5	1	2	8	4	3	7	6
1	4	3	6	7	5	8	9	2
2	7	9	3	4	8	6	5	1
6	8	5	9	1	2	4	3	7

291

4	2	7	3	8	9	5	6	1
6	9	1	7	5	4	3	2	8
3	5	8	2	1	6	7	4	9
2	6	5	8	4	7	9	1	3
1	7	9	5	6	3	2	8	4
8	4	3	1	9	2	6	7	5
7	8	2	4	3	5	1	9	6
5	1	6	9	7	8	4	3	2
9	3	4	6	2	1	8	5	7

292

2	5	7	6	8	9	4	3	1
1	3	8	2	4	7	5	9	6
4	6	9	5	1	3	2	7	8
7	9	2	8	3	1	6	4	5
6	8	1	7	5	4	3	2	9
3	4	5	9	6	2	1	8	7
8	1	4	3	9	6	7	5	2
5	7	3	1	2	8	9	6	4
9	2	6	4	7	5	8	1	3

293

9	7	4	8	1	3	6	5	2
6	2	5	9	4	7	8	3	1
1	8	3	5	6	2	4	9	7
7	4	9	1	8	6	5	2	3
3	6	1	2	5	9	7	4	8
2	5	8	7	3	4	1	6	9
5	1	2	4	9	8	3	7	6
8	9	6	3	7	5	2	1	4
4	3	7	6	2	1	9	8	5

294

2	7	9	6	3	5	1	4	8
6	5	8	4	7	1	3	2	9
4	3	1	9	2	8	6	5	7
8	2	3	1	4	9	5	7	6
7	4	5	3	8	6	9	1	2
9	1	6	2	5	7	4	8	3
3	6	7	5	1	2	8	9	4
1	9	2	8	6	4	7	3	5
5	8	4	7	9	3	2	6	1

295

6	1	8	4	3	9	2	7	5
7	9	3	2	8	5	1	4	6
2	4	5	1	6	7	9	8	3
5	2	7	3	4	8	6	1	9
9	3	6	7	5	1	8	2	4
4	8	1	9	2	6	5	3	7
3	5	4	6	1	2	7	9	8
1	6	9	8	7	3	4	5	2
8	7	2	5	9	4	3	6	1

296

8	6	5	7	1	2	4	9	3
7	9	2	3	4	5	8	6	1
4	1	3	8	9	6	2	7	5
2	4	8	9	7	3	1	5	6
6	3	9	2	5	1	7	4	8
1	5	7	4	6	8	3	2	9
9	2	1	6	3	4	5	8	7
5	7	4	1	8	9	6	3	2
3	8	6	5	2	7	9	1	4

297

9	2	5	4	8	1	6	7	3
6	7	1	2	3	9	4	5	8
3	8	4	5	7	6	9	1	2
1	4	7	3	5	2	8	6	9
8	6	2	9	1	7	5	3	4
5	3	9	6	4	8	7	2	1
2	1	6	7	9	4	3	8	5
4	5	8	1	6	3	2	9	7
7	9	3	8	2	5	1	4	6

298

3	1	8	4	7	2	6	9	5
9	6	7	5	1	3	2	4	8
2	4	5	9	8	6	7	3	1
4	8	1	7	5	9	3	6	2
7	3	6	8	2	1	4	5	9
5	9	2	6	3	4	8	1	7
6	2	3	1	9	7	5	8	4
1	5	4	2	6	8	9	7	3
8	7	9	3	4	5	1	2	6

299

6	2	4	7	1	10	11	5	9	12	3	8
8	3	5	9	12	6	7	2	1	4	11	10
10	11	12	1	4	8	3	9	2	5	7	6
3	1	11	12	9	4	5	10	7	8	6	2
2	6	10	5	7	1	12	8	11	9	4	3
9	4	7	8	6	11	2	3	12	10	5	1
11	10	9	2	3	5	4	12	8	6	1	7
1	5	8	4	11	7	10	6	3	2	12	9
12	7	6	3	2	9	8	1	4	11	10	5
4	8	2	11	10	3	6	7	5	1	9	12
5	9	3	10	8	12	1	11	6	7	2	4
7	12	1	6	5	2	9	4	10	3	8	11

300

1	9	6	11	3	12	7	8	10	2	5	4
12	3	10	2	11	5	4	9	6	8	7	1
5	7	4	8	2	10	1	6	11	12	3	9
3	11	1	10	4	6	5	7	12	9	2	8
2	5	8	7	10	11	9	12	4	1	6	3
6	4	9	12	8	1	2	3	5	7	11	10
10	2	12	3	9	8	6	4	7	11	1	5
8	1	11	4	5	7	12	10	3	6	9	2
9	6	7	5	1	3	11	2	8	4	10	12
11	8	2	9	7	4	3	5	1	10	12	6
7	10	5	6	12	2	8	1	9	3	4	11
4	12	3	1	6	9	10	11	2	5	8	7